DO CAOS À CONSCIÊNCIA

CARO(A) LEITOR(A),
Queremos saber sua opinião
sobre nossos livros.
Após a leitura, siga-nos no
linkedin.com/company/editora-gente,
no TikTok **@editoragente**
e no Instagram **@editoragente,**
e visite-nos no site
www.editoragente.com.br.
Cadastre-se e contribua com
sugestões, críticas ou elogios.

KLEITON FRANCISCATTO

DO CAOS À CONSCIÊNCIA

Reprogramando a mente para o sucesso pessoal

Diretora
Rosely Boschini

Diretora Editorial
Joyce Moysés

Editora
Rafaella Carrilho

Assistente Editorial
Mariá Moritz Tomazoni

Produção Gráfica
Leandro Kulaif

Preparação
Daniel Rodrigues Aurélio

Capa
Joyce Matos

Projeto Gráfico
Márcia Matos
Joyce Matos

Diagramação
Joyce Matos

Revisão
Bruna Fontes
Carlos César da Silva

Impressão
Grafilar

Copyright © 2025 by Kleiton Franciscatto
Todos os direitos desta edição
são reservados à Editora Gente.
R. Dep. Lacerda Franco, 300 – Pinheiros
São Paulo, SP – CEP 05418-000
Telefone: (11) 3670-2500
Site: www.editoragente.com.br
E-mail: gente@editoragente.com.br

Dados Internacionais de Catalogação na Publicação (CIP)
Angélica Ilacqua CRB-8/7057

Franciscatto, Kleiton

Do caos à consciência : reprogramando a mente para o sucesso pessoal /
Kleiton Franciscatto. - São Paulo : Autoridade, 2025.
160 p. : il.

ISBN 978-65-6107-060-7

1. Desenvolvimento pessoal I. Título

25-1940

CDD 158.1

Índices para catálogo sistemático:
1. Desenvolvimento pessoal

NOTA DA PUBLISHER

Há momentos em que a vida nos joga no caos – seja em forma de crises emocionais, esgotamento profissional ou uma sensação constante de que estamos no piloto automático, apenas sobrevivendo. Este livro nasce como um mapa para sair desse estado e caminhar rumo à consciência plena.

O que mais me chamou atenção no projeto de Kleiton Franciscatto foi sua coragem de olhar para a mente humana com profundidade, sensibilidade e, acima de tudo, com o desejo sincero de transformar o sofrimento das pessoas em clareza, propósito e bem-estar.

Este livro nos mostra que por trás de boa parte dos problemas que enfrentamos – sejam eles pessoais, profissionais ou até mesmo financeiros – existe um padrão mental inconsciente que pode ser transformado. Kleiton nos provoca a descobrir os benefícios da autoliderança, de como podemos ressignificar nossos hábitos e crenças a partir de um olhar para a autoperformance por meio de uma jornada sincera e estruturada para quem deseja ser protagonista da própria história.

A autoridade de Kleiton vem de sua trajetória como advogado que viu de perto a dor alheia, mas também como ser humano que viveu suas próprias turbulências. Ao buscar o conhecimento em neurociência, psicologia positiva e PNL, ele construiu um método que não apenas funciona, mas acolhe e ensina com leveza.

Você, leitor, encontrará aqui um convite para romper padrões negativos e cultivar hábitos que vão transformar sua percepção da vida. Aprenderá a usar a autoconsciência, a intencionalidade e a fé inabalável como ferramentas para evoluir, recomeçar e prosperar, com profundidade, sem autoengano.

Este é um livro para quem quer mais da vida. E está pronto para dar o primeiro passo.

Boa leitura e boa transformação.

ROSELY BOSCHINI
CEO e Publisher da Editora Gente

Minha amada Kelli, este livro é um reflexo do amor que nos une e da alegria que nossos filhos, Davi Vitor e Maria Alice, trouxeram às nossas vidas. Vocês são a inspiração constante, a melodia suave e a força motriz de cada palavra aqui escrita. Com todo o meu amor e profundo respeito.

AGRADECIMENTOS

Com o coração transbordando gratidão, inicio estas palavras reconhecendo o apoio invisível, mas sempre presente, de Deus, que me guia e ampara em cada passo desta jornada.

Este livro nasceu do amor e da inspiração que emanam da minha família. À minha esposa, Kelli, minha eterna companheira e meu porto seguro, e aos meus amados filhos, Davi Vitor e Maria Alice, vocês são a luz que ilumina meus dias e a força inspiradora por trás de cada conquista. A alegria de compartilhar a vida com vocês é meu maior tesouro.

A meus pais, Pedro e Inici Marlene, que são o alicerce sobre o qual construí minha história. Sua dedicação, seus ensinamentos e seu apoio incondicional moldaram quem eu sou e me deram a coragem para perseguir meus sonhos.

Ao meu irmão, Pedro, e a sua linda família, Karoline e Pedro Ernesto, obrigado pela parceria fraterna, pelo carinho constante e por fortalecerem os laços que nos unem.

Estendo minha profunda gratidão a todos os colaboradores do nosso escritório e aos estimados advogados parceiros e associados. Em especial, minha sincera apreciação à Dra. Caroline Linder e ao Dr. Glauco Gennaro Roveda, pela dedicação, o profissionalismo e a valiosa colaboração.

Um agradecimento especial ao admirável Eduardo Shinyashiki, cuja sabedoria e visão inspiradora agregaram um valor imensurável a esta obra com seu prefácio. Sua capacidade de despertar o poder pessoal ressoa profundamente com a mensagem deste livro.

À toda a equipe da Editora Gente, que, por meio de muitas mãos invisíveis, dedicaram esforços para tornar esta publicação a mais perfeita possível. Em especial à visionária Rosely Boschini, que acreditou neste projeto desde o princípio, quando apresentado na Imersão Best-Seller. Minha gratidão também se estende à dedicada Rafaella Carrilho e à atenciosa Joyce Moysés, que com profissionalismo e sensibilidade me guiaram em cada etapa, com sugestões e insights que lapidaram esta obra com perfeição.

Agradeço também aos mentores e estudiosos da Programação Neurolinguística, cujos conhecimentos foram a base teórica que sustenta as ideias aqui compartilhadas. E finalmente e com grande apreço, a você, leitor, que dedica seu tempo e sua atenção a estas páginas, buscando a transformação e a liberdade de se autoliderar. Que esta leitura seja um passo significativo em sua jornada de autodescoberta e empoderamento.

SUMÁRIO

PREFÁCIO		**13**
INTRODUÇÃO – BEM-VINDO À TRANSFORMAÇÃO! AO SEU DESPERTAR!		**19**
1.	PENSAR É O QUE NOS DIFERENCIA E NOS GUIA	28
2.	O LABIRINTO DA VIDA E O SEQUESTRO NEURAL	42
3.	MENTE ABERTA, VIDA EXPANDIDA	58
4.	COMEÇANDO A REPROGRAMAR	66
5.	ATIVE SUAS ÂNCORAS DE BEM-ESTAR	82
6.	RESSIGNIFICAR PENSAMENTOS	94
7.	DISSOCIAR PARA TER RESPOSTAS EM MINUTOS	110
8.	VISUALIZAR SEUS DESEJOS REALIZADOS	122
9.	MODELAR COMPORTAMENTOS DE SUCESSO	136
10.	O IMPOSSÍVEL SE TORNA POSSÍVEL	152
CONCLUSÃO		**158**

PREFÁCIO

À s vezes, a vida apresenta pessoas que não chegam para impressionar, mas para transformar.

Pessoas que não precisam levantar a voz para serem ouvidas, porque sua presença já carrega uma frequência de verdade.

Kleiton Franciscatto é assim. Um homem que fala com os olhos. Que silencia com sabedoria. Que ensina com o exemplo.

Conhecer o Kleiton é aprender, sem perceber, que força não é sobre rigidez – é sobre inteireza.

É sobre estar inteiro diante daquilo que poderia nos partir.

O que você tem em mãos não é apenas um livro. É uma travessia real, feita por alguém que já esteve onde você talvez esteja agora. Alguém que já se sentiu cansado de fingir que estava tudo bem. Alguém que já carregou um mundo inteiro nos ombros tentando ser forte para todo mundo, e que, no silêncio, aprendeu a ser forte para si.

Este livro nasceu de um caos que virou consciência, e agora está aqui para virar um caminho na sua vida.

Kleiton é pai. É marido. É amigo. É empresário.

É um homem que já teve sucesso financeiro antes de ter paz. Que já teve reconhecimento antes de ter leveza, já teve conquistas que eram aplaudidas por fora, mas que não preenchiam por dentro.

E foi nessa escuta íntima – entre o barulho do mundo e o sussurro da alma – que ele encontrou algo precioso demais para ser guardado: a verdade de que nenhuma vitória externa vale a pena se custar a sua essência.

Este livro é um convite para você voltar a si.

Voltar à sua voz.

Voltar à sua rota.

Voltar ao centro que, mesmo nos seus piores dias, nunca deixou de pulsar aí dentro.

Mas não se engane: o texto de Kleiton não é um daqueles recheados de frases feitas e teorias bonitas.

É um mapa prático. Um roteiro de reconstrução. Um passo a passo vivo.

Cada palavra foi escolhida por alguém que viveu na pele o que você vai encontrar aqui. Cada exercício nasce de uma pergunta real: como saio do lugar em que estou? Como retomo o comando dos meus pensamentos? Como me liberto da avalanche emocional que me paralisa? Como paro de ser prisioneiro das histórias que me contaram – ou que eu mesmo criei?

A resposta está nas páginas que seguem. Não como mágica. Mas como método.

Kleiton compartilha uma proposta poderosa de reorganização interior: ele mostra como mudar a forma como pensamos, sentimos e agimos diante dos desafios, e, com isso, como deixar de reagir automaticamente ao que nos fere e começar a escolher conscientemente o que queremos viver.

Você vai aprender, passo a passo, a dissolver padrões repetitivos de dor e sabotagem. Vai acessar ferramentas que reconstroem sua confiança em si mesmo. Vai encontrar formas de esvaziar a mente do excesso e ocupar o coração de direção. Vai descobrir o prazer de acordar todos os dias com clareza, coragem e autonomia.

Sem que você perceba, ao longo do livro, sua mente começará a abrir caminhos novos:

- ◆ Você vai parar de repetir o que não leva você a lugar algum.
- ◆ Vai perceber o momento exato em que perde o controle emocional e recuperar o seu centro.
- ◆ Vai aprender a transformar ansiedade em presença.
- ◆ Vai ter, enfim, a chave para deixar de viver no modo de sobrevivência e entrar no modo de criação.

O que Kleiton oferece é um processo profundo de reeducação emocional, mental e comportamental.

Um processo que devolve a você o lugar de criador da sua própria realidade.

E não importa onde você esteja agora: se estiver de joelhos, ele vai ajudá-lo a se levantar. Se estiver em pé, mas sem rumo, ele vai ajudá-lo a encontrar a sua direção. E, se já estiver no caminho, ele vai ajudá-lo a caminhar com mais leveza, mais consciência e mais presença.

É impossível não reconhecer, em cada linha, a integridade de quem escreve. Kleiton não romantiza a dor. Ele a atravessa com lucidez. Não disfarça suas quedas. Ele as honra como parte da construção. Não se coloca como guru. Ele se coloca ao lado, como alguém que também precisou reaprender a ser.

E é isso que torna este livro tão especial.

Você não vai sentir que está sendo ensinado. Vai sentir que está sendo acompanhado. Vai sentir que, mesmo nas páginas mais duras, há colo. Que, mesmo nas provocações mais fortes, há afeto. Que, mesmo nas partes que desconstroem, há respeito.

Este livro é, acima de tudo, um ato de amor. Porque só alguém que se ama profundamente – e que decidiu transbordar isso – teria a generosidade de transformar sua história em ferramenta de cura para outras pessoas.

Ao ler este livro, você vai entender que não existe "virada de chave" sem consciência. E que consciência não se impõe: se constrói. Com disciplina emocional, com presença, com intenção. Com uma nova forma de enxergar o mundo, a si mesmo e tudo o que você pode viver a partir de agora.

E é por isso que digo, com toda minha verdade: viva este livro. Suba em cada frase como se fosse um degrau. Use cada exercício como uma lâmpada no escuro. Transforme cada capítulo em um espelho.

E permita-se, finalmente, ser quem você veio para ser – sem o peso das máscaras, sem as armaduras, sem a vergonha de brilhar. Porque este livro não quer mudar quem você é, mas lembrá--lo de quem você nunca deixou de ser.

Kleiton, meu irmão de jornada, agradeço por esta obra. Pelo profissional ético e competente que você é. Pelo amigo leal que nunca foge da verdade. Pelo ser humano que, mesmo nas sombras, sempre escolheu o caminho da luz.

A você, leitor, desejo uma travessia viva. Desejo que, ao chegar à última página, algo dentro de você nunca mais volte ao mesmo lugar. Que algo novo nasça, com raízes profundas e asas abertas. Porque, depois de conhecer esse caminho, não dá mais para se contentar com uma vida pela metade.

Você está pronto.

Boa viagem de volta a si. E lembre-se: vai dar certo. Já deu. Pode sorrir.

Com verdade e admiração,

EDUARDO SHINYASHIKI

Mentor de vidas em transição, escritor, palestrante e eterno aprendiz do poder de ser quem se é

INTRODUÇÃO
BEM-VINDO À TRANSFORMAÇÃO! AO SEU DESPERTAR!

Atenção passageiros do voo com destino a Foz do Iguaçu, escala em Curitiba. Última chamada… E quase foi realmente! Naquele 5 de maio de 2013, eu estava em Porto Alegre, com Kelli, minha esposa, para o casamento de um amigo e colega advogado. Fomos padrinhos em uma cerimônia emocionante e abençoada por um dia ensolarado. A viagem de volta, no início da noite, deveria ter sido como tantas outras, não fossem a instabilidade da aeronave, as fortes turbulências e as quedas bruscas de altitude no caminho, que pareceram durar uma eternidade.

Do lado de fora, chovia forte. Dentro, pessoas passavam mal, gritavam desesperadas e choravam – principalmente crianças. Vários passageiros desmaiados, vencidos pelo pânico. Os comissários de bordo se afivelaram em seus assentos e não passaram mais qualquer informação. O comandante da cabine nada disse também e ainda desligou todas as luzes internas e o ar-condicionado.

Com o aumento da temperatura, tínhamos a sensação de faltar oxigênio. Segundo alertou um passageiro que era controlador de voo, houve duas tentativas frustradas de pouso na pista do aeroporto de Curitiba, com sobrevoo no mar paranaense após arremeter com força absurda, elevando o nível de pânico.

Como se comportar quando você percebe que aqueles podem ser os últimos momentos da sua vida? Durante todo esse evento, minha esposa e eu nos olhamos e nos mantivemos quietos, em oração. Encaramos a realidade de que o avião poderia cair. Não passava nada na cabeça sobre dinheiro, compromissos, dilemas do dia a dia. Só respirávamos. Aquele silêncio absoluto foi estranho, principalmente porque os outros passageiros aos poucos começaram a fazer o mesmo, como se estivéssemos nos despedindo de nós e da nossa história, enquanto esperávamos pelo que aconteceria.

Finalmente, o comandante conseguiu fazer um pouso de emergência no aeroporto de Florianópolis. Vários passageiros saíram da aeronave de maca. Em seguida, o avião começou a taxiar e decolou de novo, levando apenas cinco passageiros corajosos que decidiram seguir viagem, dentre os quais estávamos minha esposa e eu. Não havia mais comissários no voo, pois abandonaram seus postos por terem discutido – na nossa presença – com piloto e copiloto a respeito de um suposto erro da dupla. Desembarcamos em Foz do Iguaçu após uma segunda etapa tranquila, sem tempestade para nos assombrar.

Na época, eu estava progredindo em vários aspectos. Em ascensão profissional e otimista em relação ao futuro. E, de repente, me vi na expectativa de ter chegado ao fim da linha. Foi uma experiência impressionante, pois me fez pensar que o ser humano está exposto aos eventos da vida e que, querendo ou não, nossos planos podem mudar em um piscar de olhos.

Hoje, quando me recordo dessa vivência, penso: *Que bom que temos um cérebro como bússola para nos apontar direções, em meio ao labirinto vasto e confuso da vida.* Mesmo quando nos encontramos perdidos, girando sem rumo ou em uma turbulência forte, devemos lembrar que carregamos essa bússola interna. Entretanto, ela precisa ser interpretada com cuidado. Afinal, **é por meio da mentalidade que desenvolvemos que conseguimos ler os sinais e encontrar nosso verdadeiro norte.**

Assim como um viajante que confia na sua bússola para atravessar terrenos desconhecidos, devemos confiar em nosso poder mental de ajustar o curso, redefinir rotas e persistir, mesmo quando os caminhos parecem impossíveis de trilhar. Com empatia e autocompreensão, podemos nos tornar protagonistas conscientes de nossa própria jornada, transformando cada momento de instabilidade em oportunidade para crescer e alcançar os sonhos que mantemos em nosso horizonte.

Ainda mais para quem vem de uma família humilde, como no meu caso, foi crucial entender que devemos fortalecer a mente ao longo dos anos para não nos perdermos nos caminhos da vida. E foi exatamente isso que fiz. Na última década, em especial, busquei mudar de mentalidade dentro da minha atividade principal, que é advogar. Tenho uma personalidade muito focada. Quando quero algo, não meço esforços. Então passei a aperfeiçoar minhas características.

Para que você me conheça, fundei uma firma jurídica em 2005, com sedes em Capanema (PR), minha cidade natal, e em Itapema (SC). Paralelamente, iniciei alguns negócios que não deram certo – como uma empresa de importação –, e outro, no ramo imobiliário, que vai muito bem. Junto com minha esposa, lancei uma plataforma digital de aluguel de imóveis por temporada no litoral.

É POR MEIO DA MENTALIDADE QUE DESENVOLVEMOS QUE CONSEGUIMOS LER OS SINAIS E ENCONTRAR NOSSO VERDADEIRO NORTE.

DO CAOS À CONSCIÊNCIA
@KLEITON.FRANCISCATTO

No entanto, chegou o momento em que senti necessidade de ressignificar meus pensamentos. Desejava um propósito que me fizesse mais feliz. Sempre escutei todo o tipo de problemas das pessoas: lícitos e ilícitos, de divórcios a comportamentos bárbaros. Conforme a Lei, procurava da melhor maneira possível resolver cada um desses sofrimentos. Imagine só o quanto minha mente foi ficando lotada. E quanta energia, tanto positiva quanto negativa, absorvia?

Sempre serei advogado, mas de um jeito diferente de antes. E essa diferença está em cuidar da minha bússola interna, na minha sensibilidade, a fim de me manter sadio e realizado como pessoa, marido, pai, amigo e profissional.

As minhas bases são a Programação Neurolinguística (PNL) e a neurociência. A primeira é o estudo do cérebro, da linguagem e do comportamento no qual sou graduado, com grande potencial de dar ao ser humano aquilo de que ele mais precisa: controle sobre a própria vida. Também sou *practitioner*, ou seja, posso aplicar as técnicas de PNL para ajudar as pessoas a compreenderem as próprias necessidades e linguagens. Meu foco, porém, é mostrar como reprogramar a mentalidade de maneira consciente e positiva – processo que vivi por, pelo menos, dez anos e foi transformador.

Tanto que busquei aprofundamento. Ingressei na pós-graduação em Neurociência, Psicologia Positiva e Mindfulness, da PUC-Campinas, realizado em parceria com a PUC-PR. O curso superou minhas expectativas por confirmar, de uma maneira ainda pouco discutida no Brasil, que ciência, tecnologia e humanidade devem caminhar juntas para alcançarmos bem-estar físico, mental e espiritual. Não é nada tão complicado que não possa ser aplicado. Precisa apenas ser amplamente conhecido.

MAIS DO QUE ALIVIAR O SOFRIMENTO, VAMOS RESSIGNIFICAR

Está em voga falar em mudança de mentalidade. Mas como é que se faz isso?

Talvez eu seja um dos primeiros advogados a trazer essa proposta, graças à minha reprogramação mental. Esqueça aquele discurso raso que a gente escuta na internet. A metodologia que desenvolvi seleciona o que mais funciona para alguém que todos os dias escuta as dores dos clientes e observa, nos mais variados ambientes jurídicos, a dificuldade para pessoas destravarem seu potencial e progredirem na vida. Entre as causas, estão o excesso de reclamações e as visões de mundo distorcidas por causa de uma mentalidade pessimista, totalmente enfraquecida ou fixa.

Pela experiência teórica e prática que adquiri, posso dizer com tranquilidade que elas ainda não despertaram para alguns padrões e crenças limitantes que atrapalham a sua visão das coisas. E aceitar que precisam mudar de mentalidade é o primeiro passo para que consigam superar barreiras e alcançar seus sonhos, reencontrar prazer naquilo que construíram e virar a chave da escassez para a da abundância e da realização com o que fazem e têm. Quem não se propõe a abrir a mente, continuará a sofrer.

Espero com este livro incentivar mais e mais pessoas a aceitarem o diferente. **Porque a partir do momento em que aceito o diferente, já estou entrando em um processo de reprogramação mental e, assim, começo a mudar os meus incômodos.**

Um dos motivos para iniciar esse processo surgiu, como já disse anteriormente, no meu cotidiano profissional. Entre os meus clientes, havia os que se sentavam na minha frente com problemas que estavam principalmente no imaginário deles. O advogado pode ajudar, claro, só que cada um também têm que trabalhar isso no seu íntimo, de dentro para fora. Parece absurdo o que vou dizer, mas muitos problemas jurídicos não são reais, e sim criados por donos de uma vida carregada de mentalidade pessimista, baixa autoestima, e falta de energia física e mental.

Acredito que muitos problemas trazidos aos advogados, psiquiatras, psicólogos e demais profissionais que lidam com o comportamento humano são possíveis de lidar com a transformação de mentalidade. Só que, para quem está dentro deles, tudo aquilo parece ser uma tragédia. Vamos falar de sofrimento. Admiti-lo deve deixar de ser tabu e, inclusive, pode contribuir para transformá-lo. Eu também sofri, porque já fui um advogado de mentalidade fixa. Em uma fase deixada no passado, pensava somente em ganhar dinheiro. De repente, perdi a essência, a conexão humanizada, o sentido maior naquilo que estava fazendo. Eu tive que me resgatar.

Li livros de autores que pudessem me ajudar nesse resgate, fiz cursos, mergulhei nas minhas necessidades individuais e resolvi expandir para além das pós-graduações que cursei em Direito. Comecei a focar no estudo da mente. Então, coloquei muito desse processo na metodologia que trago neste livro.

Para dar uma ideia geral, o método abrange cinco princípios fundamentais:

- autoconsciência;
- autorresponsabilidade;
- intencionalidade;

- resiliência;
- e fé inabalável (que tem aqui um sentido abrangente).

Tais princípios são desenvolvidos com o auxílio de seis técnicas, algumas emprestadas da PNL. São elas:

- reprogramação mental;
- ancoragem;
- ressignificação;
- dissociação;
- visualização criativa;
- e modelagem.

UMA BOA LEITURA ABRE A MENTE

Eu sempre digo que a leitura é uma excelente maneira de abrir a mente. Estimula os neurônios, desenvolve sinapses, amplia a sua percepção e qualifica as suas referências em diversas áreas do conhecimento.

Nós temos uma realidade interna (que o nosso cérebro escolheu, com base nas próprias experiências de vida), mas, às vezes, o mundo tem outra. Quando descubro que existem duas realidades, a da minha comunicação interna e a do mundo aí fora, elevo o autoconhecimento e posso ressignificar o entendimento das coisas e reprogramar a mente. Para tanto, basta que exista um desejo ardente.

Atualmente, lemos e ouvimos muito que devemos "pensar fora da caixa" – e é assim mesmo que formamos um novo nível mental. "Para realizar essa façanha", explica Joe Dispenza em seu livro *Como aumentar a capacidade do seu cérebro*:

temos que romper os hábitos neurais do pensamento comum que se tornaram os circuitos permanentes e duradouros que reforçamos diariamente. Temos que parar nosso modo mais natural de pensar. Isso reformulará os padrões do nosso cérebro, tirando-o do seu hábito neurológico de disparos, e criará uma sequência de circuitos e novas pegadas. Essa é, por definição, nossa compreensão atual de neuroplasticidade.[1]

Apresento, a seguir, um conteúdo didático de maneira clara e leve, para que você consiga compreender a verdadeira essência de tudo que está escrito. Procuro ainda apresentar propostas de exercícios para auxiliar na sua jornada de autodescoberta e evolução pessoal. Prepare-se para encontrar técnicas, práticas e insights valiosos que vão guiá-lo na transformação de seus estados emocionais, crenças limitantes e padrões de comportamento. Este livro foi criado para que você se torne um protagonista consciente e empoderado do próprio futuro.

Será ótimo você ler as próximas páginas e começar a cuidar dos próprios pensamentos, em vez de deixá-los dispersos ou negativos. Que você possa reagir ao método que apresentarei adiante dizendo "que ótimo, eu precisava saber disso, refletir e melhorar". O objetivo é causar impacto e trazer resultados positivos para a sua vida, com ou sem turbulências, porque o piloto da mudança será você.

E como sou um otimista convicto, decreto que vai dar certo.

Já deu!

Pode sorrir!

---

1 DISPENZA, J. **Como aumentar a capacidade do seu cérebro:** a ciência de transformar sua mente. Porto Alegre: Citadel, 2023.

01
PENSAR É O QUE NOS DIFERENCIA E NOS GUIA

"A maior descoberta da minha geração é que o ser humano pode alterar sua vida, mudando sua atitude mental." – WILLIAM JAMES[2]

Como ponto de partida, vamos adentrar nas dores emocionais que vivemos todos os dias. Nós precisamos entender se realmente faz sentido continuar com esse sofrimento. Seja porque o dinheiro não vem na medida do seu esforço, seja porque há desarmonia nos relacionamentos ou algum trauma carregado desde a infância. Ou, quem sabe, porque o desemprego bateu à porta... Não importa a raiz da dor, devemos perguntar ao cérebro até quando vamos seguir com ela.

Eu proponho que você pare um pouco e comece a refletir:

FAZ SENTIDO CONTINUAR SOFRENDO DESTE JEITO?

Tomara que a resposta seja "não"! Aí vem a segunda pergunta:

O QUE EU POSSO FAZER PARA RESOLVER ESSA DOR?

Essa reflexão mental ajuda a avaliar se o que você está vivendo neste momento faz sentido – e, se não fizer, a desejar a mudança.

---

2   JAMES, W. **A maior descoberta de minha geração é... William James.** Disponível em: www.pensador.com/frase/NTI4Njk2/. Acesso em: 16 abr. 2025.

Ninguém está isento de dor e períodos conturbados. E a coisa complica quando impacta no lar, na relação familiar, no afastamento de amigos importantes. Além disso, você pode sentir um forte abalo na performance profissional e, consequentemente, nas finanças, com a perda de oportunidades de ouro para alavancar os negócios. E o pior de tudo é que muitas vezes a ausência de resultados positivos na vida e no trabalho perdura por meses.

Como se não bastasse corroer as nossas chances de progresso, essas dores levam a outras consequências indesejadas como falta de ambição, desânimo para buscar novidades, vitimismo, baixa energia física e mental, sentimentos de escassez, de incapacidade e de inferioridade. Em resumo, uma bomba-relógio capaz de explodir na sua saúde física e mental. Posso listar uma infinidade de efeitos colaterais que aprisionam as pessoas em uma vida sofrida, sujeita à mediocridade e sem expectativas de dias melhores.

As dores que chegam ao meu escritório de advocacia são incontáveis. Pessoas que se sentem "sem chão" por causa de pedidos de divórcio ou de falência da empresa; por viverem em um círculo vicioso de fracassos dentro de casa e nos negócios; por causa de danos estéticos ou abusos morais/sexuais; por chegarem em um platô de realizações e não conseguirem sair mais dele etc. Os anos passam, e muitos percebem que levam uma vida tediosa, no piloto automático. Estão desmotivados, estagnados e, principalmente, tomados por crenças negativas.

O que percebo é que falta reflexão crítica sobre a própria vida. Como seres humanos pensantes, precisamos entender melhor as nossas dores emocionais, sobretudo porque estamos sendo atingidos pelos desafios do mundo atual, cada vez mais acelerado e competitivo. Eu fiz isso e tive de reconhecer que elas resultam de pensamentos que nós mesmos produzimos todos os dias. Eles amplificam nossos sentimentos, tornam a percepção da realidade distorcida e dificultam a busca por soluções. Até que viram dores terríveis.

Então, meu amigo e minha amiga, se você quer um futuro diferente e realmente transformar a sua vida, o passo fundamental é mudar os seus próprios pensamentos. Pois aquilo que você pensa hoje influencia no seu mundo amanhã.

TUDO PARTIU DA SUA MENTE

A relação entre mente e dor é tão íntima! A vida que nós conhecemos é um reflexo daquilo que pensamos. E é justamente aí que está o problema. O nosso mundo exterior, o nosso ambiente, reflete o que nós carregamos por dentro. Nosso cérebro escolhe nos direcionar para o bem ou para o mal. Tudo o que mentalizamos, consciente ou inconscientemente, molda a nossa realidade dia após dia, sem trégua.

A propósito, como está a qualidade dos seus pensamentos? Saiba que você está colhendo os resultados deles, mesmo que ainda não tenha consciência do que armazena em sua mente. E refletir sobre isso, pode-se dizer, é avaliar sobre como você está vivendo e como poderia (e deveria) viver. Sem essa reflexão crítica, fica difícil perceber quando está somente reagindo às circunstâncias...

QUERENDO SER PROTAGONISTA, SÓ QUE ESTÁTICO

Todos falam que querem ter uma boa vida. Fazer dela o que bem desejam. O que explica, então, pessoas com vidas semelhantes obterem resultados tão diferentes?

Algumas parecem fazer tudo certo, mas não saem do lugar; já outras são prósperas e realizadas. Certamente as do primeiro grupo estão sendo protagonistas estáticas. Embora desempenhem um papel central na própria vida, não têm plena consciência desse papel ou da influência que exercem sobre o próprio destino, ao contrário das bem-sucedidas. Pensam e agem de maneira passiva, permitindo que as circunstâncias, opiniões alheias ou convenções sociais determinem suas ações e decisões.

Um exemplo de protagonista estático é quem está insatisfeito com seu trabalho, apesar de nunca tomar a iniciativa de buscar uma nova oportunidade ou desenvolver suas habilidades. A mente ferve com reclamações, lamúrias e outros pensamentos negativos e infrutíferos. Falta a elas ação e autoconhecimento, não é mesmo? Há muitas pessoas boas neste mundo, com potencial e dedicadas em suas tarefas, mas com mentalidade estática. Reclamam e não prosperaram como gostariam. Não arriscaram nada. Vivem há décadas de maneira idêntica.

Isso é bem comum. E triste também. Pessoas com essa mentalidade tendem a não reconhecer suas próprias habilidades, valores e paixões. Não conseguem forças para ir atrás dos sonhos e propósitos. Daí, correm o sério risco de desenvolverem um complexo de inferioridade que as colocam em um ciclo repetitivo de projetos inacabados e promessas adiadas. A sensação é de que o tempo escapa, enquanto sua voz interna avisa: "sou eu que não consigo, devo ter algum problema". Essa repetição sem vida é como morrer por dentro.

Entre os brasileiros, vejo muitos que se sentem inferiores em relação ao vizinho, aos colegas de trabalho, aos familiares de sucesso, àqueles que seguem nas redes sociais. Passam a se vitimizar e se apagar. Uma espécie de autossabotagem. É uma dor baseada no que pensam de si mesmos. A sua não intencionalidade é escancarada cada vez que aguardam a reação dos outros para se posicionar. E medo do novo, dos desafios, impede o tão desejado crescimento pessoal e profissional.

Há ainda aqueles que trabalham, cuidam da família, se relacionam, porém, lá no fundo, sabem que agem no modo automático. E quanto mais ficam nessa prisão mental, mais entristecem, desanimam, adoecem, se decepcionam consigo mesmos. E isso acontece até com quem ganha bastante dinheiro em seus negócios ou na sua profissão. Na minha atuação, que exige escutar problemas ao longo dos atendimentos e processos jurídicos, fica evidente que existe um descompasso na forma como as pessoas administram a vida.

Quando alguém chega pessimista, ansioso, descrente na Justiça, no empenho do advogado para defendê-lo, em si mesmo, o que mais quero é que avalie o quanto está com seu protagonismo paralisado por pensamentos negativos. Espero que entenda o quanto vale a pena passar para o outro lado – de protagonista consciente – e voltar a confiar.

(SOBRE)VIVENDO NO PILOTO AUTOMÁTICO

É muito importante que cada um faça uma autorreflexão sobre como está conduzindo o seu cotidiano. Vou explicar o motivo. Essa autorreflexão contribui para não ser mais um a se comportar e se sentir como figurante da própria história, seguindo padrões estabelecidos sem questionar, encaminhando-se (voluntariamente) para a estagnação pessoal e profissional.

A falta de reflexão crítica faz com que suas decisões sejam frequentemente influenciadas por circunstâncias externas, em vez de se pautar por objetivos internos claros. Os itens a seguir exemplificam como uma pessoa com mentalidade estática pode agir:

- **Ações reativas:** age somente em resposta a eventos externos, sem planejamento proativo.
- **Falta de autoconhecimento:** tem um entendimento superficial de si mesmo.
- **Conformidade social:** segue normas e expectativas sociais sem questionamento.
- **Medo de mudanças:** resiste a novas oportunidades por ter medo do desconhecido.
- **Estagnação de habilidades:** não busca o desenvolvimento contínuo de habilidades.
- **Falta de propósito claro:** vive sem objetivos ou metas definidos.
- **Inércia emocional:** tem dificuldade de compreender e gerir tudo o que sente.
- **Decisões impulsivas:** sem reflexão, racionalidade ou planejamento estratégico.
- **Ausência de fé na vida, em si mesmo e em uma força maior:** acredita que muitos acontecimentos positivos ou negativos são apenas coincidências, e que o mundo é exatamente o que enxergamos; nada mais existe.

Eis um resumo de uma pessoa que vive no piloto automático. Com essa mentalidade, ela tende a temer desafios; possui

TUDO O QUE MENTALIZAMOS, CONSCIENTE OU INCONSCIENTEMENTE, MOLDA A NOSSA REALIDADE DIA APÓS DIA, SEM TRÉGUA.

DO CAOS À CONSCIÊNCIA
@KLEITON.FRANCISCATTO

padrões mentais negativos que engessam suas atitudes; não explora conhecimentos novos; e subestima a importância do autoconhecimento para sua evolução profissional, pessoal e espiritual. Acorda e segue uma rotina insatisfatória, o que alimenta mais e mais dores emocionais como a de não suportar sua rotina de trabalho e irritar-se demais com os próprios colegas, chefes e clientes.

Outros fatores presentes em uma vida estagnada: relacionamentos superficiais; companhias que não agregam; ligação afetiva de vários anos que perdeu o vigor e se sustenta por hábito da convivência; medo de arriscar e não conseguir sustentar a família; falta de clareza e de direção nos projetos pessoais, gerando crises, inclusive financeira; dificuldade social, desconexão com o eu interior; ausência de vida de próspera em todos os sentidos.

Quando a pessoa está nessa vibração negativa, pode ainda ter pensamentos desconexos, provocados por uma visão distorcida de mundo, disparadores de inconsciência na sua comunicação. Pior ainda é quando manifestam esses pensamentos na forma de ideias – e querem que elas prevaleçam. É o caso do marido ciumento tomado pelo medo de ser traído. A esposa dá todas as provas de sua fidelidade e mesmo assim ele insiste em situações fantasiosas, sem nexo. Da inconsciência, esse marido pode se tornar impulsivo, agressivo, até violento. No limite, pode cometer um crime, porque no entendimento dele aquilo era o certo a fazer.

ENCONTRAR UM CAMINHO

Mesmo que não tenhamos uma patologia emocional grave, não podemos negar que vivemos tempos desafiadores. Lidamos, por exemplo, com constantes novidades virtuais. Mesmo que a inteligência artificial agilize uma série de ações, nossos dias continuam preenchidos por um turbilhão de tarefas, obrigações e preocupações que, muitas vezes, nos deixam esgotados e insatisfeitos. Além disso, diante da eficiência dos robôs, pensamos:

SE TIVERMOS UMA MENTALIDADE ESTÁTICA, COM COMPLEXO DE INFERIORIDADE E BAIXA MOTIVAÇÃO, COMO VAMOS LIDAR COM ESSE MUNDO EM TRANSFORMAÇÃO ACELERADA?

Você já se flagrou acompanhando a própria existência passar em uma tela imaginária, sem participar dela da maneira que gostaria? Sente-se um pouco perdido no labirinto da vida, movido por uma força invisível que empurra seu corpo de um compromisso para o outro, embora sua cabeça esteja em outro lugar? Está com uma visão embaçada de quem é e do que quer?

Eu já vivi tudo isso! Tive os desafios emocionais como sombras que tornavam a busca por soluções mais difícil. Até que encontrei um caminho.

EXERCÍCIO 1

DESCUBRA SUA TENDÊNCIA DE MENTALIDADE

OBJETIVO

Aqui está um exercício simples para ajudar a refletir sobre suas crenças e atitudes em relação aos aprendizados, desafios e feedbacks.

Consiste em apresentar oito afirmações para que você avalie se concorda total ou parcialmente com cada uma delas, identificando sua tendência de *mentalidade predominante*.

INSTRUÇÕES

Leia cada afirmação e marque a opção que melhor representa sua opinião. Ao final, some os pontos atribuídos para cada letra e conheça o resultado.

1. Desafios são oportunidades para aprender.

◇ A) Concordo totalmente.

◇ B) Concordo.

◇ C) Sou neutro.

◇ D) Discordo parcialmente.

◇ E) Discordo totalmente.

2. Encaro situações novas mesmo podendo fracassar.

- **A)** Concordo totalmente.
- **B)** Concordo.
- **C)** Sou neutro.
- **D)** Discordo parcialmente.
- **E)** Discordo totalmente.

3. A crítica me ajuda a melhorar.

- **A)** Concordo totalmente.
- **B)** Concordo.
- **C)** Sou neutro.
- **D)** Discordo parcialmente.
- **E)** Discordo totalmente.

4. A minha inteligência é algo que pode ser mudado.

- **A)** Concordo totalmente.
- **B)** Concordo.
- **C)** Sou neutro.
- **D)** Discordo parcialmente.
- **E)** Discordo totalmente.

5. Aprender novas habilidades é importante, independentemente da idade.

- **A)** Concordo totalmente.
- **B)** Concordo.
- **C)** Sou neutro.
- **D)** Discordo parcialmente.
- **E)** Discordo totalmente.

6. Vejo os erros como parte de qualquer aprendizado.

◇ **A)** Concordo totalmente.

◇ **B)** Concordo.

◇ **C)** Sou neutro.

◇ **D)** Discordo parcialmente.

◇ **E)** Discordo totalmente.

7. Acredito que posso sempre melhorar com esforço e dedicação.

◇ **A)** Concordo totalmente.

◇ **B)** Concordo.

◇ **C)** Sou neutro.

◇ **D)** Discordo parcialmente.

◇ **E)** Discordo totalmente.

8. Gosto de sair da minha zona de conforto.

◇ **A)** Concordo totalmente.

◇ **B)** Concordo.

◇ **C)** Sou neutro.

◇ **D)** Discordo parcialmente.

◇ **E)** Discordo totalmente.

Resultado

Para cada resposta A, atribua 5 pontos.

Para cada resposta B, atribua 4 pontos.

Para cada resposta C, atribua 3 pontos.

Para cada resposta D, atribua 2 pontos.

Para cada resposta E, atribua 1 ponto.

Se você fez de 34 a 40 pontos, tende a ter **mentalidade de protagonista consciente da sua vida**.

Se você fez de 26 a 33 pontos, demonstra ter **mentalidade mista, ou seja, tende a ter mentalidade de protagonista consciente, embora com algumas crenças limitantes**.

Se você fez de 8 a 25 pontos, tende a ter **mentalidade estática**.

DICA ADICIONAL

É importante lembrar que, com esforço e prática, a mentalidade pode ser desenvolvida e mudada ao longo do tempo.

02

O LABIRINTO DA VIDA E O SEQUESTRO NEURAL

"Muitos de nós não estamos vivendo nossos sonhos, porque estamos vivendo nossos medos." – LES BROWN[3]

Quando jovem, eu imaginava um mundo fácil de viver, com a certeza de que seria muito rico com um pouco de trabalho e uma pitada de sorte. Ledo engano. Para explicar, volto mentalmente no tempo e reencontro meu pai, Franciscatto, de origem italiana, em Capanema, interior do Paraná, ali na divisa com a Argentina. Caminhoneiro dedicado, era ausente em casa. Casou-se com minha mãe, Marlene, de origem alemã, quando ela tinha 15 anos. Sou o primogênito (nasci em 14 de julho de 1979), depois veio o Pedro.

Nunca nos faltaram casa e comida, só que vivíamos na escassez financeira. Eu me recordo do dia em que finalmente tivemos televisão e telefone fixo. Meu pai até se arriscou no ramo empresarial, mas não foi longe, pois seu pensamento reproduzia o de seus antepassados: dinheiro não traz felicidade. Ele foi um pai que trabalhou muito na vida. Minha mãe, durante um bom período, foi empregada doméstica. Cuidava de nosso lar com dedicação, e nossa educação era rígida, pois ela também foi criada dessa forma pelos seus pais. Os dois estão aposentados e vivem bem, do jeito deles. Sou muito grato e honrado de tê-los como meus pais.

O meu jeito de ver a vida e de lidar com dinheiro começou a ser diferente do deles a partir dos 12 anos. Nessa época, passei

---

3   BROWN, L. **Muitos de nós não estamos vivendo... Les Brown**. Disponível em: www.pensador.com/frase/MjE2NTk5MA/. Acesso em: 16 abr. 2025.

a gerar renda e gostei. Por exemplo, eu colhia frutas em casa e vendia pelo bairro, sozinho, ou no caminhão com meu pai. Também arrecadava garrafas de vidro vazias nas residências, limpava e trocava a unidade por centavos nos supermercados. Mais tarde, presidi o grêmio estudantil da escola e fui recepcionista em uma concessionária de veículos Ford. Ali, passei a ter contato com pessoas que viviam melhor do que eu. Assim, abri a mente ainda mais. Era possível!

Gosto de música, toco violão, e essa habilidade facilitou a minha socialização. Junto com o foco nos meus objetivos, progredi. Com 20 anos, decidi querer mais para a minha vida. Saí de casa e da concessionária para estudar Direito no Rio Grande do Sul, sem recurso financeiro nenhum, exceto um cheque emprestado de uma tia para pagar a matrícula.

Tocava violão nos barzinhos para me divertir e ganhar dinheiro. Em poucos meses de faculdade, já estagiava em um escritório de advocacia; com 25 anos, estava formado e aprovado no exame da Ordem dos Advogados do Brasil (OAB), para surpresa de metade da minha turma, reprovada naquele ano. Simples. Estudei por noventa dias das 7 horas da manhã à meia-noite.

Tenho essa característica: coloco na cabeça que vou realizar algo e faço o meu melhor até cumprir. Daí, parto para a próxima conquista. Nem tudo sai do jeito que a gente quer, mas estou sempre pronto para entregar 101% até achar uma saída ou solução. **Por ter conhecido o lado da escassez e rejeitar essa mentalidade para minha vida, desenvolvi desde cedo a perspectiva de aproveitar as oportunidades e os recursos disponíveis.**

Retornei a Capanema, abri meu escritório e fui recebendo um número crescente de clientes. Em menos de dois anos, apaixonei-me por uma farmacêutica. Namoramos, nos casamos, viajamos pela América Latina de motocicleta, tivemos dois filhos (Davi e Maria Alice, nascidos em 2016 e 2017, respectivamente). Abrimos uma farmácia próximo ao escritório, que depois vendemos a um conhecido para atuarmos no ramo imobiliário, decisão que nos trouxe excelentes ganhos financeiros. Fechamos o ano de 2024 com dezenas de imóveis próprios para locação no litoral paranaense e catarinense, além de administrar a receita de outros, a pedido dos proprietários.

Não me considero tão inteligente, nem talentoso, e sim disciplinado nos pensamentos e nas atitudes para que sejam intencionais. A neurociência explica esse foco ao compará-lo com a luz da lanterna. A gente direciona para um ponto específico e dá visibilidade absoluta ao que interessa, diminuindo a amplitude de estímulos que apenas distraem. Já deu para perceber que, na minha vida, não desperdiço uma vontade de fazer aquilo que quero...

Então, lanço as seguintes reflexões:

- Quantas pessoas desperdiçam diversas vontades de fazer aquilo que querem?
- Quantas pessoas estão infelizes e mesmo assim esperam o momento certo ou que alguém traga o que elas desejam?
- E como faço para evitar essas crenças e atitudes limitantes?

Certamente conhecemos várias pessoas que parecem perdidas no labirinto da vida, conformando-se com o que têm. Ou seja, vivem no piloto automático. A causa mais importante: essas pessoas podem estar presas em padrões mentais que as impedem de atingir seu verdadeiro potencial. Parece familiar?

Conforme mencionei na introdução, uma metáfora para melhor entendermos os caminhos humanos pela realização de objetivos e sonhos é a de imaginar o cérebro como bússola. Essa peça preciosa e complexa trabalha silenciosamente para apontar a direção em meio ao labirinto vasto e confuso da vida.

É comum sentir medo, ansiedade, dúvidas sobre as decisões a tomar. Enquanto alguns (e me incluo nesse grupo) vão em frente assim mesmo e encontram boas soluções, outros ocupam a mente com crenças que geram uma paralisia mental, criando um espiral de insegurança, incerteza, desânimo, dentre outros fatores limitantes.

COMO NASCEM AS CRENÇAS

As crenças são padrões formados ao longo das experiências do cotidiano. Elas podem ser positivas ou negativas. Uma crença é a interpretação ou conclusão que a pessoa tira das informações e vivências que teve, e passa a influenciar o que pensa, sente e faz. Por exemplo, quem formou ótimas amizades tende a pensar que isso é possível; e aqueles que se decepcionaram com seus melhores amigos podem repetir internamente que "nunca existiu amizade verdadeira, só por interesse", e isso afetar todos os seus relacionamentos, desencadeando a dor da solidão.

Portanto, para entender o básico sobre crença, saiba que cada uma surge da repetição ou de um forte impacto emocional, como um trauma psicológico, capaz de gerar um padrão neural. Ou seja, ela é moldada ou esculpida nos nossos neurônios, sendo armazenada principalmente abaixo da mente consciente e racional, no subconsciente – e, para ele, que tem a função de regular as nossas emoções, se tudo isso é real ou irreal, tanto faz. Por exemplo, se eu cresci ouvindo dos pais que "as ondas do mar são traiçoeiras", aprender a nadar para aumentar a minha segurança é um resultado positivo; evitar entrar no mar me limita e pode virar uma dor.

O complexo de inferioridade está muito relacionado com crenças de não merecimento ou de incapacidade. Muitas vezes, a pessoa nem percebe que alimenta crenças mentais prejudiciais à sua evolução, justamente por ficarem escondidas no universo vasto do subconsciente. Por exemplo, posso ter um padrão neural que surgiu na infância, quando o impacto emocional e o registro mental são maiores, e traz reflexos longínquos. Ou, então, já adulto, arrisquei-me montando uma empresa que não deu certo e isso fez a minha família sofrer demais. Pronto! A partir dessa experiência, posso criar uma aversão a tomar riscos, e talvez nunca mais empreender com a disposição necessária.

Para perceber se você está criando crenças limitantes, vale se perguntar:

- ◆ Eu sei quais são as raízes dos problemas que atrasam a minha prosperidade e felicidade?
- ◆ Quais estados emocionais desconfortáveis deixaram marcas na minha vida?
- ◆ Esses estados emocionais estavam ligados a quais situações desagradáveis que vivenciei?
- ◆ Repito crenças ouvidas dos meus pais e/ou tutores durante a minha infância e adolescência?

Para que você explore melhor essa percepção de crenças, preparei um exercício mais completo, que você encontrará no fechamento deste capítulo.

FALSOS BENEFÍCIOS

Com base nas respostas anteriores, se você constatou que tem algumas crenças limitantes, pense naquela que mais contribui para que fique estático e, consequentemente, não evolua. Agora, avance para mais duas reflexões interessantes:

- ◆ Qual benefício você acredita que tem por pensar assim?
- ◆ Imagine o(s) benefício(s) que você teria se transformasse essa crença negativa em outra positiva.

Poucos falam disso, mas toda dor gera um "benefício". No exemplo da mentalidade de escassez, que faz uma pessoa temer gastar dinheiro e faltar, o falso benefício é de ter um valor alto no banco. É falso porque riqueza não é criada apenas com uma caderneta de poupança ou medo de perder o já acumulado. O segredo está em fazer bons investimentos e negociações de compra e venda para multiplicar o capital inicial – prática daqueles com mentalidade de abundância.

Somos propensos a repetir maus hábitos, às vezes inconscientemente, porque estamos acostumados a essa condição e confortáveis com ela. Se vivo adiando projetos pessoais e na empresa, por exemplo, apenas me coloco em uma zona de conforto e segurança, pois não há garantias de sucesso. É um falso ganho (justamente por isso escrevi "benefício" entre aspas), porque não é bom procrastinar nem deixar o negócio igual por muito tempo.

48 DO CAOS À CONSCIÊNCIA

SOMOS PROPENSOS A REPETIR MAUS HÁBITOS, ÀS VEZES INCONSCIENTEMENTE, PORQUE ESTAMOS ACOSTUMADOS A ESSA CONDIÇÃO E CONFORTÁVEIS COM ELA.

DO CAOS À CONSCIÊNCIA
@KLEITON.FRANCISCATTO

PROBLEMAS IMAGINÁRIOS

Muitas vezes, a origem da dor de uma pessoa está na mente. No século I da era cristã, no Império Romano, um dos grandes filósofos da humanidade chamado Lucio Aneu Sêneca já alertava que "sofremos mais em nossa imaginação do que na realidade".[4]

Nos meus atendimentos, recebo clientes desanimados com o desenrolar de seus processos porque absorveram informações da mídia – por exemplo, de que a Justiça demora...

E nem tudo é assim, sabe? Muita coisa dá certo. Consegue, sim, ser resolvida. Em duas décadas de trabalho, já enriqueci pessoas com os resultados de defesas jurídicas, e agradeço por elas terem confiado no trabalho que fiz. Quem já chega dizendo que foi injustiçado na vida, com complexo de inferioridade, tende a desconfiar de si mesmo e dos outros (do seu advogado, médico, vendedor, cônjuge, até da sua sombra). Ou seja, lota a mente de crenças negativas.

Escuto muito coisas do tipo: "Poxa, doutor, você cuidou do processo do [fulano], deu tudo certo. O que que tem de errado com o meu?". Aí respondo: "Nenhum erro, está tudo correndo normalmente, tramitando; nós fomos bem na audiência, vai dar certo". Não tenho os pensamentos pessimistas de um protagonista estático, que não acredita em nada, que acha que tudo acabará mal. Não é porque alguém não conseguiu ter grandes conquistas na vida passada que vai continuar assim – é uma boa crença que adoto.

---

4   O ESTOICO. Pensamento # 55: "Sofremos mais na imaginação do que na realidade" (Sêneca). **O estoico: filosofia prática e atual**, 15 mar. 2020. Disponível em: www.estoico.com.br/1474/pensamento-55-sofremos-mais-na-imaginacao-do-que-na-realidade. Acesso em: 13 abr. 2025.

Posso garantir que, em mais de 90% das vezes que os clientes me perguntam se está tudo correndo bem, se não tem nada de errado, a minha resposta é positiva. Se houvesse algo para nos preocuparmos, eu avisaria logo, de modo objetivo e com frases diretas e de fácil assimilação: "Aqui vai travar"; "Nisso não fomos bem"; "Você não provou inocência, e isso vai prejudicar"; "Nós vamos perder esse processo".

Acontece, porém, que os pensamentos negativos das pessoas vêm com intensidade, e situações concretas que devem ser encaradas com maturidade e coragem se tornam o estopim de um drama derrotista, terreno fértil para as crenças limitantes.

Tive inúmeros clientes que me procuravam para cuidar do seu divórcio, e na maioria dos casos colocavam todos os defeitos no cônjuge. Depois que converso com as duas partes, marido e mulher, começo a ver a situação por mais de um ângulo.

Sinceramente, muitas vezes constato que os dois trazem problemas que estão na imaginação deles, pois diferem da realidade. Por isso, recomendo a quem está sofrendo com o término de seu relacionamento amoroso que reflita:

- ◆ Será mesmo que o relacionamento não deu certo exclusivamente por causa do outro?
- ◆ O que me leva a pensar dessa forma da pessoa que amei um dia e o que eu quero pensar de agora em diante?
- ◆ Quem de nós se comportava como protagonista estático e precisaria mudar?

A falta de uma reflexão crítica sobre os próprios pensamentos colabora para que o seu emocional crie problemas que imagina existir, faça distorções da realidade e cometa os variados exageros de avaliação. E tudo isso é fermento para aumentar a dor, gerar uma porção de crenças limitantes e até provocar reações intempestivas, que passam longe da racionalidade, provocadas pela sua amígdala (a que não é a da garganta). Explico.

O SEQUESTRO DA AMÍGDALA

Diante de uma situação de tensão, ameaça, perigo, o cérebro tende a buscar o caminho mais rápido, prático e fácil de nos ajudar a poupar energia e atividade mental. Ele conta com uma estrutura neural chamada amígdala (pelo seu formato de amêndoa), que tem o papel de criar padrões e automatizar nossas ações do dia a dia, ao mesmo tempo que regula nossas memórias de valor emocional. Quando você sai do padrão, do conforto, do esperado, essa amígdala é acionada e faz a autodefesa a partir de comandos gerados para o cérebro.

Quem dirige automóveis provavelmente já teve uma reação instantânea de girar o volante para evitar um acidente de trânsito. Digamos que você esteja caminhando e aviste uma cobra. Imediatamente a amígdala "desliga" a sua consciência racional e dispara uma descarga elétrica e química que o faz se afastar o mais rápido possível, em vez de ficar pensando algo como "de onde esse bicho apareceu?". Esse mecanismo também conhecido como sequestro emocional, sequestro neural ou detonador das emoções, foi popularizado pelo psicólogo Daniel Goleman em seu livro *Inteligência emocional.*[5]

---

5   GOLEMAN, D. **Inteligência emocional.** Rio de Janeiro: Objetiva, 1995.

Sendo assim, quando uma pessoa sente desconforto na empresa ou no casamento, ou ocorre alguma coisa que causa medo, ela ativa a amígdala. E aí pode reagir de uma maneira negativa e impulsiva, o que só dificulta resolver as dores. Isso tem explicação neurocientífica. Os pensamentos, sentimentos e atitudes deixam de ser conscientes, o que leva a dar uma resposta desproporcional à situação – é a amígdala agindo.

Imagine receber um cliente que diz o seguinte: "Doutor, você está cuidando do meu processo há três anos. Conversei com um colega seu que disse que você vem conduzindo de maneira errada, e que é por isso que está demorando a chegar na solução. Acho que não estou mais confiando no senhor". E, para completar, sugere que vai trocar de advogado.

Isso gera uma descarga em mim. Ativo a amígdala. Em outros tempos, quando eu não tinha essa autoconsciência, reagiria com irritação ("Espera aí, como assim?"). Hoje, sabe o que respondo? "É mesmo? Vamos pensar". Abro o processo na frente dele, que conheço bem por estudá-lo há três anos, e pergunto: "Qual seria o problema apontado pelo colega?". Daí explico por quais razões fiz o que fiz e o motivo da suposta demora. "Se eu tivesse feito como o colega sugeriu, teria prejudicado a situação por [isso, aquilo e mais aquilo]."

Indico ainda que o colega foi impulsivo: "Ele quis dizer de uma maneira rápida que estou errado, mas caminhamos para a resolução. O senhor pode ficar tranquilo de que estamos fazendo o melhor".

Esse tipo de situação acontece em muitas profissões. Já pensou se o seu cliente diz que encontrou um concorrente que faz o seu trabalho em muito menos tempo, com o uso de inteligência artificial? O resultado não deve ser igual, mas a promessa da agilidade o atrai. Como você reagiria? Sem a consciência a respeito do sequestro da amígdala, você pode se perder no labirinto das emoções.

As pessoas sofrem muito com isso. Elas não sabem que a ansiedade ocorre porque a amígdala ligou um dispositivo de autodefesa. Eu mesmo, ao longo da minha atividade profissional, estava me tornando um advogado ansioso e que vivia na defensiva. Quando compreendi que tinha a ver com a minha amígdala, pude quebrar a reação emocional intensa e imediata que dominaria meu pensamento racional.

É importante fazermos reflexões como essas que discutimos até aqui, para aliviarmos sofrimentos, despertarmos da inércia e clarearmos o caminho na direção de um protagonismo consciente. A bússola interna nós já temos; basta usá-la para uma transformação de mentalidade que ajudará a criar um novo propósito edificante de vida.

EXERCÍCIO 2

MAPEANDO CRENÇAS LIMITANTES E DORES EMOCIONAIS

OBJETIVO

Ajudar a identificar e compreender a origem de suas crenças limitantes e dores emocionais, para que você possa promover uma transformação pessoal consciente. Este exercício, quando praticado regularmente, pode ajudar a fazer mudanças significativas em sua mentalidade, promovendo crescimento pessoal contínuo.

INSTRUÇÕES

1. Ambiente tranquilo: encontre um local onde você possa se concentrar sem interrupções. Leve um caderno ou diário e uma caneta para anotar suas reflexões.

2. Reflexão guiada: feche os olhos e respire profundamente, permitindo-se relaxar e ao mesmo tempo focar o momento presente, esquecendo por alguns minutos todas as preocupações. Pense em situações recentes ou passadas que geraram desconforto emocional ou que você considerou desafiadoras.

3. Identificação de crenças limitantes: agora abra os olhos e escreva as situações que surgiram à mente. Para cada uma, pergunte-se qual é a crença oculta que está afetando a sua percepção ou o seu comportamento. Anote. Por exemplo, "Eu não sou bom o suficiente", "Eu sempre falho", ou "As pessoas não se importam comigo".

4. Exploração de dores emocionais: para cada crença anotada, pergunte-se: "Qual é a emoção predominante associada a essa crença?" Identifique-a (é medo, tristeza, frustração, raiva?) e coloque-a no papel.

5. Análise e reflexão: revise suas anotações e pergunte-se se essas crenças e emoções são baseadas nos fatos ou na sua percepção sobre o que ocorreu. Reflita sobre como essas crenças limitantes têm moldado suas ações e decisões.

6. Transformação consciente: para cada crença limitante, formule uma crença positiva alternativa. Por exemplo, transforme "Eu não sou bom o suficiente" em "Estou em constante aprendizado e evolução". E escreva ações práticas que você pode adotar para reforçar essas novas crenças positivas.

7. Compromisso com a mudança: comprometa-se a revisar suas crenças e emoções regularmente. Anote qualquer progresso ou novas descobertas em seu diário.

8. Reflexão final: termine o exercício com uma meditação curta ou uma prática de gratidão, reconhecendo o esforço que você tem feito para se tornar um protagonista consciente da sua própria história.

DICAS ADICIONAIS:

- Seja gentil consigo mesmo durante o processo. A mudança leva tempo e paciência.
- Considere compartilhar suas descobertas com alguém de confiança ou um profissional, caso sinta necessidade de apoio adicional.

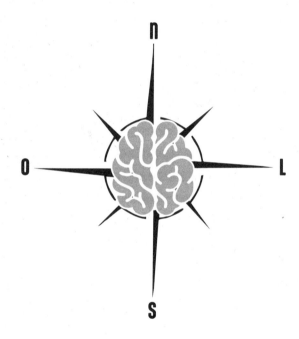

03
MENTE ABERTA, VIDA EXPANDIDA

> "A alma é tingida pela cor de seus
> pensamentos." – MARCO AURÉLIO[6]

Agora é um excelente momento para você começar a abrir sua mente e aceitar algo novo e transformador. Principalmente se, graças às reflexões que fizemos até aqui, você pôde reconhecer o quanto se acostumou a uma rotina desmotivadora da vida. Nos últimos anos, talvez esteja acordando todos os dias no mesmo lado da cama, tomando banho da mesma forma, usando os mesmos produtos. Tomando café na xícara de sempre e correndo para o trabalho pelo mesmo caminho. Encontrando (ao vivo e nas redes sociais) pessoas que geram as mesmas emoções dia após dia. Fazendo um trabalho repetitivo e voltando para casa sem novidades para contar. Jantando as mesmas comidas e caindo no sono (ou tendo insônia) sem programar um motivo maravilhoso para se levantar na manhã seguinte.

O que eu proponho é que você quebre esse ciclo com o questionamento a seguir:

COMO EU POSSO PASSAR MAIS UM DIA INTEIRO SEM TER APRENDIDO NADA DE NOVO?

Vamos ser francos: se vinha utilizando os mesmos circuitos do cérebro, gerou as mesmas emoções e não pensou nada diferente, você tem tocado a vida no piloto automático.

---

6   AURÉLIO, M. **A alma é tingida com a cor de seus... Marco Aurélio.** Disponível em: www.pensador.com/frase/MzA1MzQ0OA/. Acesso em: 16 abr. 2025.

Até quando você deixará isso acontecer?

É PRECISO ABRIR A MENTE PARA EXPANDIR A VIDA. NOVAS ESCOLHAS LEVAM A NOVOS COMPORTAMENTOS, QUE LEVAM A NOVAS EXPERIÊNCIAS. ISSO É EVOLUÇÃO.

A partir de agora, vamos traçar um caminho, que conheço e já utilizei com sucesso, para formar meu protagonismo consciente. A iniciativa de aceitar algo novo e o desejo ardente de mudança dos estados emocionais são os primeiros passos para uma pessoa:

- ◆ Buscar a solução inicial dos problemas que vive.
- ◆ Construir uma nova mentalidade, aberta a experiências enriquecedoras em vários aspectos e padrões mais positivos de comportamento.

Nos capítulos anteriores, apresentei características reveladoras de uma pessoa com pensamentos e comportamentos de protagonista estático. O intuito foi facilitar a explicação que começa agora, de como reprogramar a mente para um protagonismo consciente. Compreender as diferenças desses perfis mentais traz a oportunidade de que sejamos os verdadeiros comandantes da nossa vida. Todos nós podemos nos tornar proativos na criação da própria história, elevando a autoperformance a níveis inimagináveis!

DE ESTÁTICO PARA PROTAGONISTA CONSCIENTE

O protagonismo consciente é a prática de assumir uma posição de destaque no trabalho, na família e nas conquistas pessoais, com plena consciência das suas escolhas e ações, assim como do impacto que elas têm sobre si mesmo e sobre o mundo ao seu redor.

Essa postura incentiva as pessoas a viverem de modo intencional, responsável e com propósito, reconhecendo seu poder de influência e de mudança da realidade. É muito mais profundo do que apenas pensar positivo.

Quem tem essa mentalidade entende que pode desenvolver as habilidades que quiser por meio do tripé **esforço, aprendizado e perseverança**. Uma das principais é a resiliência diante de dificuldades. Por exemplo, ser resiliente é jamais recuar dos desafios acadêmicos ou profissionais com medo de não ser "inteligente ou preparado o suficiente", e sim aceitá-los como aprendizados e crescimento. Nas palavras de Maria Sirois,[7] referência internacional em psicologia positiva e docente da minha pós-graduação em Neurociência: "Os piores momentos podem criar a oportunidade para o melhor de nós emergir".

Pessoas que estão no comando da própria história e evoluem sempre reconhecem quais crenças estão impedindo seu crescimento e encaram os erros como oportunidades de melhorias, não como falhas definitivas. Por exemplo, se falham em um projeto, refletem sobre o que podem aprender com a experiência. Desafiam-se regularmente e envolvem-se em atividades fora da sua zona de conforto. É que a prática deliberada ajuda a

---

7   Vale a pena conhecer seus livros e assistir aos seus vídeos explicativos, disponíveis em: www.mariasirois.com. Acesso em: 13 abr. 2025.

TODOS NÓS PODEMOS NOS TORNAR PROATIVOS NA CRIAÇÃO DA PRÓPRIA HISTÓRIA, ELEVANDO A AUTOPERFORMANCE A NÍVEIS INIMAGINÁVEIS!

DO CAOS À CONSCIÊNCIA
@KLEITON.FRANCISCATTO

construir novas habilidades, seja tocar um instrumento, seja falar em público.

Nós devemos encarar a realidade como ela é, pois não adianta empurrarmos para debaixo do tapete nossas questões. É preciso se mover em direção a um futuro cada vez melhor. Sob essa perspectiva fundamental trazida pela professora Maria Sirois, faço aqui o convite para, a partir dos próximos capítulos, avançarmos juntos na transformação de mentalidade. Isso exigirá um trabalho consciente e contínuo, mas é uma jornada que vale a pena, repleta de autodescobertas sobre o que se pode melhorar.

Conforme adiantei, existem apenas duas maneiras de transformarmos pensamentos e, por consequência, comportamentos: com repetição ou forte impacto emocional. Pois bem, utilizaremos ambos no método que apresentarei nos capítulos 4 ao 9, em que explicarei, de uma maneira leve e agradável, seis pilares que extraí da neurociência, da psicologia positiva e da Programação Neurolinguística (PNL), com seus estudos validados e praticados por professores, pesquisadores e cientistas – como Milton Erickson, que criou a técnica da Hipnose Ericksoniana, modelada na década de 1970 por John Grinder e Richard Bandler, considerados os pais da PNL.

Cheguei a essa seleção confiante de que todos nós, seres humanos, temos a capacidade de desenvolver novas sinapses neurais (lembrando que é por meio das sinapses que os neurônios se comunicam, transmitem informações). Ao contrário do que alguns curiosos dizem, não existe essa história de "quebra de crenças". O que existe é sobrepor uma nova sinapse, de modo a criar padrões mais positivos e eficazes. Como fazemos isso? Com:

MENTE ABERTA, VIDA EXPANDIDA **63**

- **reprogramação mental,** quando você entenderá melhor o papel do sistema sensorial e dos cinco princípios: autoconsciência (valorizar o que você pensa), autorresponsabilidade (não se vitimizar sobre tudo), intencionalidade (projetar seu futuro), resiliência (ter a capacidade de resolver todos os dias novos desafios) e fé inabalável (acreditar em você e na humanidade por meio de uma fé profunda de que nada vai abalar a sua mente e as suas emoções);
- **âncoras de bem-estar,** ferramenta versátil para criar estados mentais positivos associados a estímulos externos ou internos;
- **ressignificação de pensamentos,** aprendendo a olhar para as situações de diferentes ângulos, a fim de alterar o contexto ou a estrutura para alcançar novos significados;
- **dissociação emocional** de uma experiência. Com esse distanciamento, você pode, em questão de minutos, buscar uma resposta mais certeira, objetiva e racional;
- **visualização criativa** dos desejos, empregando a técnica de criar imagens mentais detalhadas sobre eles, a fim de que a mente aceite essas informações como metas a serem alcançadas;
- **design de comportamentos,** treinando modelar padrões e estratégias utilizadas por pessoas bem-sucedidas na área ou habilidade que você deseja desenvolver.

De tudo que já estudei (e sigo estudando) sobre a complexidade do nosso cérebro, considero esses pilares excelentes para uma mudança genuína, corajosa e empoderadora. Eles incentivam o protagonismo consciente, sendo necessário que a sua atitude e o desejo ardente de mudança estejam presentes. Faça da reprogramação mental (capítulo 4) o seu alicerce, a sua base, pois somente com esse foco é que todos os outros insights, as técnicas e os exercícios propostos nos capítulos seguintes surtirão efeito duradouro; e a sua transformação de pensamentos, crenças e comportamentos será concluída com sucesso.

04

COMEÇANDO A REPROGRAMAR

"Tire um tempo para ouvir o que é dito sem palavras." – LAO TZU[8]

Programação, palavra frequentemente ligada ao universo da tecnologia, é bem conhecida nos estudos do cérebro. É o processo de identificar e modificar padrões de pensamentos, comportamentos e crenças que podem estar limitando nosso potencial. E sabe-se hoje que há uma infinidade de técnicas para reprogramar a nossa mente e potencializar padrões mais positivos e eficazes – e, assim, trazer autoperformance para a vida.

No entanto, para que nós possamos compreender e incorporar na vida diária tais técnicas, incluindo as que aprofundaremos dos capítulos 5 ao 9, devemos entender primeiro como nos posicionamos como seres humanos, enxergando valor nestes cinco princípios fundamentais do protagonismo consciente. São eles:

◆ **Autoconsciência.** Envolve fazer uma introspecção, refletindo sobre seus pensamentos, sentimentos e comportamentos atuais, para se conhecer melhor e compreender a si mesmo. Ser capaz de identificar e nominar suas emoções é o primeiro passo para gerenciá-las eficazmente. Vale se perguntar, por exemplo: "Como eu me senti quando ocorreu aquele fato? Por que pensei e/ou reagi daquela forma e não de outra?". Um dos benefícios é perceber como diferentes situações afetam seu estado

---

8 TSE, L. **Tao te Ching**: o livro do caminho e da virtude (edição comentada). Rio de Janeiro: Mauad X, 2011.

emocional. Ter autoconsciência é adquirir o hábito de observar seus pensamentos de maneira objetiva, sem julgamentos. Isso ajuda a identificar padrões automatizados e, muitas vezes, negativos, para poder reprogramá-los. Assim como para preservar bons pensamentos.

- ◆ **Intencionalidade.** A intenção vem antes da ação, só que não garante que você fará o que pensou. Com intencionalidade, sim. É agir com intenção, com o objetivo de atingir um alvo, em vez de apenas reagir às circunstâncias de maneira aleatória, imprevisível, impulsiva. Envolve estabelecer metas claras e alinhadas com seus valores e desejos mais profundos. E permite direcionar mente e corpo para a realização de seus objetivos. Isso ajuda a projetar o seu futuro e a vida que quer (e merece) ter.

- ◆ **Autorresponsabilidade.** O protagonista consciente reconhece que suas escolhas e ações têm consequências e se compromete a assumir a responsabilidade por elas, evitando se vitimizar e adotando uma postura proativa. Essa consciência quanto aos atos que pratica voluntariamente também se traduz em um compromisso ético com os outros e com o ambiente, refletindo uma consciência social que valoriza o bem-estar coletivo. Esse senso de responsabilidade favorece ainda que você pense melhor antes de agir e avalie suas habilidades para cumprir o que decide fazer, de modo a alcançar os objetivos esperados. Enquanto muitos tentam transferir o ônus para terceiros, quem desenvolve esse princípio está aberto a aprender com seus erros e passa a ter maior controle sobre a própria vida.

- **Resiliência.** É uma qualidade intrínseca para quem tem mente aberta e vida expandida, como adiantei no capítulo 3, afinal, o resiliente não se deixa abater com adversidades no âmbito pessoal, profissional, familiar. Ao contrário, utiliza-as como oportunidades de aprendizado e crescimento. Consegue se adaptar e superar dificuldades por alimentar a crença de que é capaz de resolver os problemas, lidando com as incertezas da vida de modo construtivo. Em outras palavras, você toma consciência daquilo não para se sentir pior, e sim para se reerguer, se fortalecer, se empoderar.

- **Fé inabalável.** Trata-se de acreditar em si mesmo e nas possibilidades do futuro. Essa fé proporciona coragem para enfrentar as dificuldades, confiança de que é capaz de realizar mudanças e a esperança necessária para persistir naquilo que almeja e ser vitorioso. Essa crença em você e na humanidade vem por meio de uma fé profunda de que nada vai abalar a sua mente e as suas emoções. Pode abranger ou não uma fé religiosa, mas com certeza é uma fé espiritual, por não ter nada a ver com o plano material. Podemos entendê-la como a mesma energia que a semente utiliza para germinar. Ela cria raízes onde ninguém vê e faz a planta emergir até que se torne forte e frondosa.

USE A FORÇA DOS NOVOS HÁBITOS

Esses princípios são essenciais na reprogramação mental. Aplicá--los em seu cotidiano permite que você faça o constante exercício de olhar para dentro de si, favorecendo o autoconhecimento e a busca pela evolução. Só de pensar em como internalizar um a um é como dar o *start* no processo de reflexão profunda sobre o que está fazendo da sua vida e sobre como pode torná-la melhor. A meu ver, é uma das melhores maneiras de reprogramar a mente, por criar conexões neurais que começarão a ser fortalecidas no seu subconsciente com a prática, até que se transformem em bons hábitos.

Para que isso ocorra, a minha sugestão é que você estabeleça rotinas que integrem várias ações, decorrentes dos novos pensamentos sobre os cinco princípios, com constância. Ou seja, não adianta pensar neles apenas agora, enquanto lê este capítulo, depois virar a página e se esquecer de praticar constantemente a autoconsciência, a intencionalidade, a autorresponsabilidade, a resiliência e a fé inabalável.

Imagine o seu cérebro como um jardim. Cada hábito que você tem é semelhante a um caminho que criou pisando repetidamente nas mesmas trilhas. Algumas são bem definidas e familiares, enquanto outras podem ser menos claras ou novas. É aqui que entra em jogo a neuroplasticidade, que é a capacidade do seu cérebro de se reorganizar e formar novas conexões neurais ao longo da vida.

Isso significa que, mesmo que um hábito antigo esteja enraizado, é perfeitamente possível alterar para outro melhor com a prática intencional. Faça o teste com algum hábito saudável que você gostaria de adotar, como meditar diariamente ou fazer exercício físico. No início, pode parecer desafiador, porque o caminho ainda não está bem estabelecido. Entretanto, a cada repetição, estará "pisando" na nova trilha, tornando-a mais clara e mais fácil de seguir.

Essa capacidade de mudar é poderosa. Ela nos lembra que não estamos presos em velhos padrões, que temos a capacidade de criar uma vida diferente! Ao compreender e aceitar isso, **podemos ser mais compassivos conosco durante o processo de transformação. Afinal, a formação de novos hábitos não é apenas uma questão de força de vontade; é uma reprogramação consciente do nosso cérebro.**

Nós fomos acostumados a ouvir que as pessoas precisam mudar de mentalidade, embora de uma maneira rasa, com dicas de fora para dentro. Nosso cérebro é complexo e exige algo mais profundo, que realmente traga resultado consistente – como os ensinamentos desses cinco princípios. Por isso, é preciso fazer reflexões regulares sobre eles e dedicar tempo para avaliar o seu progresso, conforme for aplicando-os no enfrentamento dos desafios da vida e dele retirando lições. Isso vai fortalecer a sua capacidade de fazer ajustes de rota por manter-se flexível a mudanças, sem pensamentos fixos.

Esses princípios são bastante utilizados na (re)programação mental de atletas e campeões olímpicos como parte do treinamento esportivo. Ajudam a driblar a autossabotagem, a insegurança, o medo, a ansiedade. A ginasta norte-americana Simone Biles, que chegou a desistir dos jogos de Tóquio 2020 para cuidar da saúde mental, foi vista repetindo a frase: "Você consegue". Inclusive, ela encerrou sua série documental (Netflix)[9] com a seguinte afirmação: "Reprogramar a nossa mente é muito difícil. Ninguém realmente se olha no espelho e pensa 'eu preciso melhorar e eu vou melhorar'. O mais difícil é se convencer disso...

---

9   WALSH, K. (Direção). **O retorno de Simone Biles**. Netflix, 2024.

Se eu olhar para a minha carreira, sinceramente, o que me dá mais orgulho é ter sido fiel a mim mesma e nunca ter me afastado disso".

Que história de vida tem a Simone Biles! Ela sentiu o bloqueio mental e emocional, viveu um estresse tremendo, e usou a autoconsciência e a resiliência para voltar com a mente fortalecida nos Jogos Olímpicos de Paris 2024 e brilhar novamente.

Impressionante também é a história do nosso inesquecível piloto Ayrton Senna, cuja fé inabalável intrigava seu maior rival, o francês Alain Prost. "Eu rezo à noite, mas nunca contei com Deus como apoio. Como enfrentar de igual para igual alguém pensando como ele, que se sente protegido por Deus?", Prost declarou em seu documentário, lançado na França em 2024.[10]

Para colaborar com a sua prática, preparei um exercício sobre reprogramação mental, rumo ao protagonismo consciente, que você encontrará no fim deste capítulo.

VIVA A ESSÊNCIA PROFUNDA DE SI MESMO

Eu vejo a autoconsciência como um dos momentos mais importantes dentro dos princípios que levam à transformação de mentalidade. Porque, entre outros motivos, contribui para você avaliar-se nos outros quatro princípios, evitando distorções. Por exemplo, posso ser resiliente, mas pareço uma máquina, sem empatia. Resolvo todos os problemas, só que passo como

---

10 FONTENELLE, A. 'Manipulador', 'possuído': o que Prost fala de Senna em documentário. **Folha de S. Paulo**, 22 dez. 2024. Disponível em: https://www1. folha.uol.com.br/esporte/2024/12/manipulador-possuido-o-que-prost-fala-de -senna-em-documentario.shtml. Acesso em: 13 abr. 2025.

um trator por cima de todo mundo. Que transformação de mentalidade é essa?

Ou então a minha fé me faz pensar que tudo é milagre ou é pecado. Tem gente que vive nesse mundo paralelo, irreal, sabe? Há ainda quem escorregue para o polianismo – palavra que surgiu na minha pós-graduação em Neurociência, gerando um debate interessante sobre o perfil de pessoa que vive um otimismo exagerado e ingênuo. A autoconsciência traz à tona tudo isso e foca na qualidade dos seus pensamentos. É viver uma essência profunda de si mesmo. Avaliar o que pensa diz muito sobre a sua identidade, a pessoa que se tornou, e permite reconhecer (e alterar) o que tem limitado a sua evolução.

Muitos estudos falam dos benefícios da meditação e do mindfulness (que é atenção plena) para conseguir trazer mais autoconsciência. Um deles é da Sara Lazar,[11] neurocientista do Massachusetts General Hospital e da Harvard Medical School, mostrando que a meditação pode mesmo mudar seu cérebro, assim como fazê-lo rejuvenescer de 50 anos para 25.

Lazar foi uma das primeiras cientistas a analisar os efeitos da meditação no cérebro e ficou surpresa com o resultado. Praticantes na faixa dos 50+ ganharam características cerebrais semelhantes às de pessoas com metade da idade. O importante é realizar a meditação todos os dias, nem que seja por três minutos, e não esporadicamente por uma hora.

---

11 MEDITAR pode rejuvenescer o cérebro de 50 anos para 25, segundo estudo. **Época Negócios**, 24 fev. 2020. Disponível em: https://epocanegocios.globo.com/Vida/noticia/2020/02/meditar-pode-rejuvenescer-o-cerebro-de-50-anos-para-25-segundo-estudo.html. Acesso em 13 abr. 2025.

Para a professora Maria Sirois, a meditação entra no rol do que ela chama de "anticorpos da mente", junto com o autocuidado, a autenticidade, a gratidão. Eu acrescentaria o (auto)perdão. Realmente tudo isso nos estimula a criar pequenos pensamentos positivos para amenizar os impactos negativos na nossa vida. A psicologia positiva tem pesquisado muito esses "anticorpos". Estudos revelam que o hábito de expressar gratidão, por exemplo, pode ser mental e fisicamente vantajoso. Em um deles,[12] duzentos estudantes escreveram listas de gratidão durante nove semanas e se sentiram mais felizes, com menos doenças físicas e maior vontade de fazer exercícios.

Steve Jobs[13] praticava sessões de cinco a dez minutos de mindfulness para treinar seu cérebro a resolver problemas complexos com ideias sensacionais, como foi com o iPhone. Sentava-se com as costas eretas e focava na respiração; comia devagar, prestando atenção ao sabor, textura e cheiro dos alimentos; observava cada passo e o ambiente ao seu redor, sem se perder em pensamentos; escutava os colegas com total atenção, sem pensar em respostas antes de ouvir completamente.

O cofundador da Apple usava essa meditação para esvaziar a mente, a fim de abordar as situações com mais clareza e criatividade. A técnica da atenção plena o ajudava a fazer "deixar ir" coisas que estavam fora do seu controle, permitindo que ele se

---

12 MOSLEY, M. Por que sentir gratidão faz bem à saúde. **BBC News**, 11 jul. 2021. Disponível em: www.bbc.com/portuguese/geral-57767232.amp. Acesso em: 13 abr. 2025.

13 nIA BOT; ANVERSA, L. Como aplicar a técnica usada por Steve Jobs para treinar seu cérebro. **Exame**, 11 dez. 2024. Disponível em: https://exame.com/carreira/guia-de-carreira/como-aplicar-a-tecnica-usada-por-steve-jobs-para-treinar-seu-cerebro. Acesso em: 13 abr. 2025.

concentrasse no que importava. Dizia que a mente é como um copo cheio de água turva. Quando você o deixa descansar, a sujeira se deposita no fundo, deixando a água cristalina. Nessa analogia está um dos segredos de Jobs para ter um cérebro focado, resiliente e criativo.

MOLDE SUA MENTE COM O QUE VÊ, OUVE, SENTE

Para potencializar ainda mais sua reprogramação mental, vale a pena entender um pouco da programação trinária. Isso porque a repetição do que ouço, vejo e sinto moldam a minha mente. Daí a importância de escolhermos muito bem os ambientes que frequentamos e para quem damos ouvidos. Também é por isso que dizemos que a educação recebida dos pais e outros tutores mexe tanto com nosso cérebro.

É que até uns 7 ou 8 anos, neurologicamente entendemos tudo na vida com sucessivos impactos emocionais. Os elogios geraram programação mental positiva. Quanto às críticas, se foram pesadas demais, a autoconsciência indica que vale a pena deletar da mente, podendo usar a mesma programação trinária para reprogramar. O mesmo em relação a traumas antigos e crenças adquiridas no passado que travam hoje a sua evolução.

As **repetições** (de pensamentos positivos e negativos) e o **forte impacto emocional** (seja por ter passado no vestibular tão concorrido; seja porque foi reprovado pela segunda vez, por exemplo) têm como porta de entrada o que chamamos de sensores trinários: visão, audição e o que sente (via olfato, paladar, cheiro, tato). Eles reagem, mesmo que de maneira inconsciente, ao que recebemos do mundo externo e levam informações a uma parte do cérebro, através de uma rede de neurônios localizados no tronco cerebral chamada SARA (Sistema Ativador Reticular Ascendente).

De modo resumido e coloquial, esse sistema filtra todas as informações sensoriais, separando em categorias como "isso é importante, vamos guardar no subconsciente e depois trazer para o consciente" ou "não tem tanta importância". Sim, o SARA faz essa leitura, sendo responsável por manter o nosso cérebro em vigília. Mesmo que estejamos dormindo, ele permanece captando informações e nos dá, de certa forma, limites emocionais.

Consciente ou inconscientemente, tudo que olhamos, ouvimos e sentimos ao nosso redor entra na "varredura" que o SARA faz, buscando soluções, possibilidade e ideias. Esse sistema é como um porteiro do cérebro, assim como ajuda a determinar quais informações são relevantes. É a "lei da atração" sendo exercida de maneira neurológica, pelo fato de o cérebro captar referências, desejos e interesses do nosso agrado ou em seu favor.

Imagine-se em um café movimentado. Se alguém mencionar seu nome em um diálogo do outro lado do salão, é provável que você perceba. Isso acontece porque o SARA ajuda a filtrar o ruído de fundo e destaca informações que são relevantes para você.

Outra função do sistema: digamos que eu esteja aguardando para atravessar a rua e veja uma pessoa sendo atropelada e machucando o braço. O SARA é capaz de me fazer manter o controle e ser mais racional, buscar socorro em vez de apenas começar a gritar e entrar em pânico. Em termos de neurociência, ele ajuda a priorizar estímulos, assegurando que não fiquemos sobrecarregados com o excesso de informações sensoriais.

Como podemos perceber, o SARA é como um aliado que nos ajuda a decidir quais informações são essenciais ao nosso bem-estar e sucesso diário. Ele intensifica nosso foco em eventos que julgamos relevantes para nossa vida. **Ao utilizarmos o poder desse sistema neural, podemos direcionar mais atenção para transformar nossa mentalidade em algo verdadeiramente significativo e importante para nós.**

Agora imagine quantas informações positivas e negativas são guardadas lá no seu subconsciente com o filtro do SARA? No livro *Quebrando o hábito de ser você mesmo*,[14] Joe Dispenza mostra uma figura como esta, simbolizando que apenas 5% das informações estão na mente consciente (envolvendo lógica, raciocínio, criatividade, vontade, fé) e 95% na mente subconsciente (hábitos e comportamentos baseados em crenças positivas ou negativas).

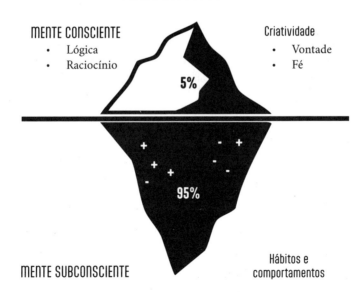

---

14 DISPENZA, J. **Quebrando o hábito de ser você mesmo**: como reconstruir sua mente e criar um novo eu. Porto Alegre: Citadel, 2019.

Ao utilizar a autoconsciência, a intencionalidade, a autorresponsabilidade, a resiliência e a fé inabalável, você consegue buscar nos planos consciente e subconsciente pensamentos, emoções e comportamentos para ver, ouvir e sentir aquilo que pode provocar uma transformação de mentalidade, graças à neuroplasticidade (capacidade de criar sinapses neurais). Ou seja, a mesma programação mental que gerou uma crença limitante, por meio de repetição ou de um forte impacto emocional, também pode gerar outra positiva. O processo é um só, conforme mostro na representação gráfica a seguir:

PROGRAMAÇÃO TRINÁRIA:

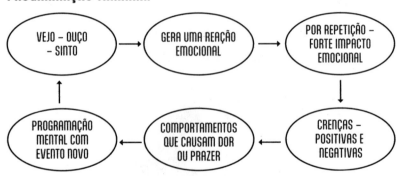

Depois que entendi que podemos utilizar essas e outras ferramentas para reprogramar a mente, confesso que me cobro até demais ("Por que estou pensando assim?", "Por que penso tanto nisso?", "Isso que pensei está fazendo sentido para mim?"). Volto a essas mesmas ferramentas para controlar a minha ansiedade, a minha inquietação, que eu sei que são grandes; é da minha personalidade. O que me tranquiliza é pensar que é melhor fazer essas autorreflexões como hábito do que viver de modo inconsequente.

Para você, que já começou a fazer as suas reflexões e avaliar o que vai reprogramar, considere-se apto a aplicar as técnicas que detalharei nos próximos capítulos – todas validadas para potencializar as mudanças que deseja e aperfeiçoar o seu nível de protagonismo consciente. Dessa forma, é certo que fortalecerá a sua base da transformação de mentalidade.

EXERCÍCIO 3

AUTOAVALIAÇÃO DE PROTAGONISMO CONSCIENTE

OBJETIVO

Este exercício é uma ferramenta simples de autoavaliação para encorajar a reflexão e a consciência. Com perguntas de múltipla escolha, analise quão conscientes (ou estáticos) têm sido seus pensamentos e comportamentos.

INSTRUÇÕES

Para cada pergunta, escolha a alternativa que melhor descreve a sua resposta ou o seu comportamento típico. Anote a letra correspondente. Ao final, some os pontos correspondentes para calcular o resultado.

PERGUNTAS

1. Quando enfrento um desafio inesperado, eu geralmente:

A) reajo imediatamente, muitas vezes com estresse ou ansiedade.

B) tento entender a situação antes de responder.

C) fico paralisado e evito lidar com a situação.

D) respiro fundo e analiso minhas opções antes de agir.

2. Em situações de conflito, minha reação é:

A) defender imediatamente meu ponto de vista.

B) escutar a outra pessoa e depois responder.

C) evitar o conflito a todo custo.

D) procurar compreender e resolver o problema de maneira construtiva.

3. Quando preciso tomar uma decisão importante:

A) confio no meu instinto sem pensar muito.

B) analiso os prós e contras antes de decidir.

C) deixo que outros decidam por mim.

D) considero como a decisão se alinha com meus valores e objetivos.

4. Ao refletir sobre o meu dia:

A) raramente penso sobre minhas ações ou decisões.

B) às vezes, penso no que poderia ter feito diferente.

C) fico preso a arrependimentos e pensamentos negativos.

D) regularmente analiso o que aprendi e como posso melhorar.

5. Quando vejo alguém tendo sucesso:

A) sinto inveja ou ciúmes.

B) fico feliz por ele e sigo o meu caminho.

C) ignoro e sigo meu caminho.

D) fico inspirado e procuro aprender com o sucesso dele.

Resultado e interpretação

Para cada resposta A, atribua 1 ponto.

Para cada resposta B, atribua 2 pontos.

Para cada resposta C, atribua 1 ponto.

Para cada resposta D, atribua 3 pontos.

Se você somou de 5 a 8 pontos, tende a agir de modo mais inconsciente, reagindo com frequência no piloto automático. Considere práticas de meditação e reflexão para aumentar sua consciência.

Se você somou de 9 a 12 pontos, está no caminho do protagonismo consciente, embora ainda haja espaço para crescimento. Continue a desenvolver sua autoconsciência e intencionalidade.

Se você somou de 13 a 15 pontos, parabéns! Demonstra um alto nível de protagonismo consciente, tomando decisões de maneira intencional e alinhada com seus valores.

DICA ADICIONAL

Lembre-se: o autoconhecimento é um processo contínuo, e cada passo em direção à consciência é valioso.

05

ATIVE SUAS ÂNCORAS DE BEM-ESTAR

> "Todo pensamento emocionalizado, unido
> à fé, tende a se realizar, a se materializar."
>
> – NAPOLEON HILL[15]

Vou contar uma história (alterando alguns detalhes, e sem identificar a personagem, para preservar a sua identidade) para demonstrar como é possível, com um gesto simples, ancorado no subconsciente, alterar um estado emocional negativo para outro bem mais positivo e poderoso.

> *Márcia é uma mulher de 40 anos, mãe de três filhos e proprietária de um pequeno negócio. Ela enfrentava um processo judicial complicado, que envolvia uma disputa comercial com um ex-parceiro de negócios. O estresse e a incerteza da situação afetavam sua saúde mental, em especial a autoestima. Márcia se sentia insegura em relação ao desfecho do processo e frequentemente se deixava levar por pensamentos negativos. Como advogado dela, percebi que seu estado emocional e mental poderia prejudicar sua capacidade de se apresentar de maneira clara e confiante no andamento do processo.*
>
> *Ela precisava de uma estratégia para gerenciar suas emoções e se sentir empoderada diante da situação. Foi então que decidi orientá-la a praticar na casa dela a técnica da*

---

15 HILL, N. **Todo pensamento emocionalizado, unido à... Napoleon Hill**. Disponível em: www.pensador.com/frase/NjM5NTI5/. Acesso em: 16 abr. 2025.

ancoragem como ferramenta de apoio. Solicitei que se lembrasse de seus momentos de alegria, motivação, autoestima elevada. Deveria visualizar em uma tela imaginária toda aquela felicidade e satisfação e reviver o que pensou, ouviu, sentiu e enxergou na ocasião.

Em seguida, pedi que observasse todos os detalhes daquele momento, recuperasse aquele estado emocional e mental positivo avivado na memória e fosse intensificando-o mais e mais. Quando ela chegou no pico da emoção, quase em lágrimas, estava pronta para fazer um gesto sutil com as mãos, que dali em diante funcionaria como um gatilho. Isso porque o gesto ficou gravado no subconsciente associado àquele estado emocional e mental positivo que ela avivou.

Toda vez que essa cliente começava a se angustiar pensando no desenrolar do processo jurídico, repetia o gesto sutil com as mãos, e surgia em sua mente de maneira mágica toda lembrança daquele estado emocional ancorado de alegria e satisfação. Qual foi o momento que essa cliente relembrou para a técnica da ancoragem? A formatura da filha no curso de Medicina. Ela me contou que trouxe emoções para sua família e me agradeceu por ter encontrado uma ferramenta capaz de elevar seu estado emocional a qualquer momento e em qualquer lugar.

Para você que também se interessou por essa ferramenta de mudança de estado emocional e mental, saiba que ela é precursora da Programação Neurolinguística (PNL) pela sua versatilidade, podendo ser aplicada naquelas situações que nos abalam para promover bem-estar e melhorar a autoperformance. Quem não quer ter emoções e pensamentos positivos quando os problemas externos ameaçam nosso equilíbrio?

A ancoragem envolve associar um estado emocional ou mental já vivido no passado a um estímulo específico – pode ser um gesto físico, uma palavra, uma imagem, um som, um cheiro. Tais associações ligam alguma sensação boa a sentimentos e pensamentos relacionados à confiança, calma e muito mais. A técnica é frequentemente utilizada para ajudar a induzir esses estados desejados em determinadas situações – quando você se sente inseguro ou nervoso, por exemplo.

Uma música ou um aroma agradável são âncoras que podem ser acionadas consciente ou inconscientemente, influenciando nossas emoções e comportamentos de maneira rápida e eficiente, permitindo o acesso a estados poderosos sempre que necessário. Inclusive o aroma, dentro da gama de estímulos sensoriais, é um dos gatilhos mais ágeis a alcançar o cérebro.

FAÇA ASSOCIAÇÕES BEM-SUCEDIDAS

A técnica deve ser realizada observando a respiração consciente e profunda para ajudar a induzir um estado de relaxamento. Fazer a respiração inspirando em quatro segundos e expirando pela boca lentamente em outros quatro segundos. A ideia é ir relaxando o corpo para acalmar a mente. Agora que você conduz sua respiração de modo confortável e relaxado, vá para o primeiro passo descrito a seguir:

Passo 1 – Escolha o estado desejado.

Pode ser confiança, motivação, calma ou qualquer outro que você queira acessar facilmente, sempre que desejar.

Passo 2 – Recupere esse estado.

Lembre-se de um momento em que experimentou intensamente essa sensação. Reviva mentalmente a experiência, tornando-a vívida e realista.

Passo 3 – Selecione o estímulo.

Escolha um estímulo que será associado a esse estado desejado. Pode ser um toque em seu pulso ou outra parte do corpo, uma palavra específica que você repete mentalmente, até mesmo uma imagem que visualize (as ondas do mar, por exemplo).

Passo 4 – Associe um ao outro.

No momento que estiver no auge do estado desejado, aplique o estímulo escolhido de maneira consistente e repetitiva. Isso ajudará a criar a associação entre o estímulo e o estado emocional ou mental.

Passo 5 – Teste a nova âncora.

Afaste-se do estado desejado. Em seguida, aplique o estímulo e avalie se ele foi capaz de acessar o estado desejado rapidamente. Sim? A ancoragem foi bem-sucedida. Não? Repita o processo assim que possível.

CONHEÇA EXEMPLOS PRÁTICOS DE ANCORAGEM:

- **Confiança:** imagine-se naquele momento passado no qual se sentiu extremamente confiante. Enquanto revive essa lembrança, pressione suavemente a ponta do polegar na ponta do indicador de uma das mãos ou das duas. Repita esse gesto sempre que precisar de um impulso de confiança.
- **Calma:** visualize um lugar tranquilo e sereno que o faça se sentir calmo e relaxado. Enquanto se concentra nessa imagem, respire fundo e lentamente três vezes. Repita esse padrão de respiração sempre que precisar recuperar a calma.
- **Motivação:** recorde um momento em que estava altamente motivado e determinado. Enquanto revive essa experiência, faça um movimento com o polegar em sinal de ok. Utilize esse gesto sempre que precisar de um impulso de motivação.

ALÉM DESSAS ÂNCORAS, VOCÊ PODERÁ CRIAR MUITAS OUTRAS PARA ALTERAR O SEU ESTADO MENTAL, SEMPRE DE MODO POSITIVO. E, ASSIM, PROPORCIONAR SATISFAÇÃO PESSOAL, TRANQUILIDADE E EQUILÍBRIO EMOCIONAL NOS MOMENTOS IMPORTANTES E DESAFIADORES DA VIDA.

Suponhamos que você ou alguém da sua família ou da equipe de trabalho esteja em uma situação de pavor ou de ansiedade. Consegue ancorar um estado emocional que vai amenizar esses efeitos? Ou se sente desanimado, podendo quebrar esse estado emocional paralisante ao se lembrar da maneira desbravadora como seu pai, por exemplo, enfrentou desafios? O ideal é que potencialize mentalmente essa resiliência do seu familiar enquanto se lembra de crenças de abundância e prosperidade dele. Daí, escolha o estímulo (gatilho) para enviar ao cérebro o comando de que deve associar uma coisa à outra. Pronto: essa associação ficará registrada no subconsciente e disponível para ativações futuras.

Eu, particularmente, fecho meu punho e consigo resgatar os estados emocionais de vitória, prosperidade, abundância. O gesto gera um efeito positivo muito forte em mim, capaz de combater qualquer irritabilidade, desânimo ou decepção que esteja prejudicando meu desempenho pessoal. Para enviar ao cérebro a informação de que busco essa mudança de estado emocional, associei o gesto às emoções e pensamentos relacionados ao nascimento da minha filha.

Foi um Réveillon inesquecível, com um recém-nascido em casa. Escutava os choros me sentindo feliz, grato, revigorado... Escolhi esse momento especial para criar uma âncora mental e o utilizo, por exemplo, quando atuo como advogado em uma audiência conturbada, com testemunhas que não estão indo bem. Todo mundo naquele ambiente está apreensivo e desconfortável, concorda? Então, fecho o punho como gatilho para avisar meu subconsciente sobre o meu desejo de quebrar totalmente a minha tensão e o meu desconforto durante aquela audiência. Funciona.

EXEMPLOS DE GESTOS* COMO ESTÍMULOS MENTAIS:

Utilizando suas mãos.

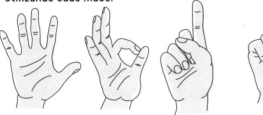

Utilizando seus braços e suas mãos.

* Os desenhos são meramente ilustrativos para auxiliar na escolha do seu gatilho mental. Sinta-se livre para escolher aquele com o qual você se sente mais confortável.

ALIVIE TENSÕES DO DIA A DIA

No mundo atual, nós vivemos todos os dias momentos que geram tensões emocionais – seja por causa do que vemos, ouvimos, sentimos; seja por causa das nossas próprias crenças negativas que provocam uma comunicação interna igualmente negativa, desconfortável. Foi por isso que incluí a ancoragem no método de transformação de mentalidade, para nos ajudar a quebrar aquele diálogo interior carregado de críticas, de crença de incapacidade, de pessimismo ou ainda de ansiedade.

Trouxe essa técnica validada no Brasil e no mundo para dissipar tensões emocionais e potencializar a mente com pensamentos e sentimentos, registrados no subconsciente, de alegria, de satisfação, de prosperidade, de abundância, de vida plena já vividos em algum lugar e tempo passados.

Há vários autores que abordam a ancoragem em seus estudos e livros. Em *39 técnicas de PNL para reprogramar o seu cérebro*, o autor Steven Allen[16] comenta que o mais comum é usar as mãos como estímulo, mas incentiva a criatividade entre diversas opções de âncora. E avisa que "elas podem manter a sua eficiência pelo resto da sua vida". Para isso, dá como dica escolher um momento positivo cujo estado emocional foi intenso, marcante, para ter uma âncora igualmente forte, que elimine suas tensões.

Em *Exercícios de programação neurolinguística para leigos*, as executivas e instrutoras de coaching Romilla Ready e Kate Burton também destacam o uso da ancoragem para administrar seu estado emocional, até mesmo nas situações que estão fora do seu controle, possibilitando que mude o modo como você percebe as situações difíceis vividas. Escrevem Ready e Burton que:

> *Há momentos em que você é governado por suas emoções – tal como amor, ódio, raiva e medo. Quando isso acontece, sua respiração e seu coração se aceleram e ameaçam fugir do controle. Então, imagine um mundo no qual você possa mudar instantaneamente como pensa, sente e reage às situações apenas com um estalar de dedos.[17]*

---

16 ALLEN, S. **39 técnicas de PNL para reprogramar o seu cérebro**. CreateSpace Independent Publishing Platform, 2016.

17 BURTON, K.; READY, R. **Exercícios de programação neurolinguística para leigos**. Rio de Janeiro: Alta Books, 2016.

Assim que você dominar essa técnica, acrescentam essas autoras, esse será o mundo controlado criado para si mesmo.

EXERCÍCIO 4

ANCORAGEM PARA ESTADOS EMOCIONAIS POSITIVOS

OBJETIVO

Vamos criar uma âncora que evoque um estado emocional positivo? Espero que este exercício de ancoragem ajude você a acessar, sempre que precisar, estados emocionais positivos!

INSTRUÇÕES

1. Escolha um estado emocional positivo: pense em algum que você gostaria de acessar facilmente. Por exemplo, confiança, calma, felicidade, motivação.

2. Lembre-se de uma experiência: feche os olhos e lembre-se de um momento específico em que você sentiu esse estado emocional intensamente. Quanto mais vívida e detalhada for a lembrança, melhor.

3. Reviva a experiência: mergulhe completamente na recordação. Observe o que você viu, ouviu; e sinta o que sentiu naquele momento. Permita que essas sensações se intensifiquem.

4. Escolha uma âncora física: enquanto as emoções estão no auge, escolha um gesto físico simples que você possa usar como âncora. Pode ser apertar o polegar e o dedo médio juntos, tocar o pulso com a outra mão, ou qualquer outro gesto discreto.

5. Associação: enquanto está sentindo intensamente o estado emocional desejado, execute o gesto escolhido. Repita este processo algumas vezes, reforçando a associação entre o gesto e o estado emocional.

6. Teste sua âncora: após alguns minutos, ou quando você estiver em uma situação neutra, ative a âncora (faça o gesto) e observe se o estado emocional desejado é evocado.

7. Reforce a âncora: sempre que você se encontrar naturalmente no estado emocional desejado, use o gesto para reforçar a âncora. Quanto mais vezes reforçar, mais eficaz será.

8. Utilização: use a âncora sempre que precisar acessar rapidamente o estado emocional positivo. Por exemplo, antes de uma apresentação ou em um momento de estresse. Ou seja, sempre que precisar de um impulso emocional positivo.

DICAS ADICIONAIS

- Experimente criar âncoras para diferentes estados emocionais, e terá uma "caixa de ferramentas emocional" à sua disposição.
- Lembre-se de que a eficácia da âncora pode variar de pessoa para pessoa, sendo que a prática contínua é fundamental.
- Quanto mais praticar regularmente este exercício, mais fortalecerá a associação positiva desejada.

06
RESSIGNIFICAR PENSAMENTOS

> "A melhor maneira de conseguir respostas melhores é começar fazendo perguntas melhores." – TONY ROBBINS[18]

O subconsciente é uma parte importante da mente, que funciona de maneira diferente da mente consciente. Ele não faz clara distinção entre o que é real e o que é imaginário. Dizemos que tem uma "natureza não crítica", por não analisar nem julgar as informações, como a mente consciente faz. Processa tudo de maneira mais direta e literal, sem questionar sua veracidade ou lógica. Isso o torna mais receptivo aos sugestionamentos.

Operando principalmente por meio de emoções e imagens, trata da mesma forma experiências vívidas e imaginárias. Já reparou que às vezes dormimos e temos sonhos que parecem tão reais? É o subconsciente respondendo a essas experiências visuais e emocionais intensamente. Em termos evolutivos, ele está mais preocupado com a sobrevivência e a constância de padrões de comportamento que parecem seguros ou familiares.

Em razão de sua natureza receptiva, aceita sugestões que reforçam esses padrões, mesmo não sendo lógicas ou realistas, principalmente se elas vêm com uma carga emocional ou repetição suficientes. Isso é explorado em práticas como hipnose e auto-hipnose, quando sugestões positivas são usadas para reprogramar padrões de pensamento ou comportamento. Por essas

---

18 ROBBINS, T. **A melhor maneira de conseguir respostas... Tony Robbins**. Disponível em: www.pensador.com/frase/ODA3MjM3/. Acesso em: 16 abr. 2025.

razões, o subconsciente requer cuidado para não ser influenciado por crenças e pensamentos negativos – e sim pelos positivos. É justamente o que a técnica de ressignificação faz.

Além de mudar seu estado emocional com a ancoragem (tema do capítulo anterior), você pode "quebrar" esse estado emocional, ou seja, ressignificar seus padrões negativos, ainda mais agora que sabe o quanto o subconsciente é receptivo a reprogramá-los. Significa, portanto, atribuir um novo sentido. Perguntas úteis:

- ◆ Faz sentido isso que estou pensando, agora que ancorei em um estado emocional mais calmo, de satisfação e abundância?
- ◆ Faz sentido toda essa aflição do que estou vivendo e que só me atrapalha na tarefa de enxergar uma solução?

Você deverá olhar para uma situação de diferentes ângulos, buscar mudar o contexto ou a estrutura de uma situação para alterar o significado. Como pensar, então, para efetivamente aplicar a ressignificação?

Caso esteja passando pela perda de algo, como o emprego, pode ressignificar a situação pensando no desemprego como uma oportunidade de aprender mais em outra empresa ou de fazer aquela mudança de cidade ou profissão que vinha adiando. Duas perguntas interessantes para se fazer:

- ◆ Será que realmente foi uma perda?
- ◆ Havia algo que você pudesse mudar?

Exercite frequentemente esses pensamentos para que você comece a ver que algumas situações são inevitáveis e que nem tudo é tão ruim quanto imagina. A professora Maria Sirois, maior autoridade que conheço na intersecção entre resiliência e florescimento, sugere mais dois pensamentos para expandir a mente:

- ◆ A maneira mais correta de ver isso é _____.
- ◆ Outra solução ou conclusão possível é _____.

São perguntas que estimulam o cérebro a acionar (no subconsciente) possibilidades de resposta. E quando ela vem, crio uma rede neural que se sobrepõe à antiga, ressignificando aquele pensamento negativo que eu tinha. Quanto mais repito esse processo, mais vou "quebrando" padrões negativos e mais profundamente mergulho na essência dos pensamentos.

SUPERE PROBLEMAS SENDO RESILIENTE

Vivemos em um mundo complexo, marcado por muitas situações conturbadas. Precisamos proteger a nossa mente dos impactos negativos. É importante estarmos preparados e conscientes de que haverá dias com pequenos e grandes problemas. Faz parte do processo evolutivo do ser humano.

O que cabe a nós é utilizar ferramentas de superação, enquanto evitamos pensar que eles estão aí para nos prejudicar, nos bloquear, nos derrotar, impedir o nosso crescimento. Dá para encararmos as pedras no caminho de modo mais leve, pensando que trazem aprendizados e aperfeiçoamento. Sem reclamar, sem pestanejar, sem nos vitimizar. Elas servem para que as pessoas se conheçam melhor e se empoderem.

Nas aulas da minha pós, a professora contou sobre Kintsugi (*kin* = ouro, *tsugi* = emenda), a arte japonesa de restaurar com laca e pó de ouro peças de cerâmica e porcelana quebradas. As partes emendadas com esse material nobre são evidenciadas, revelando uma nova beleza e tornando cada peça única. Há uma mensagem filosófica nessa reconstrução: "Eu me quebro, me parto, viro pedaços e me reconstruo mais forte, com maior valor".

Isso é espetacular!

A técnica da ressignificação é como Kintsugi para Maria Sirois: "Quebrado e inteiro, despedaçando-se e crescendo, vulnerável e corajoso, imperfeito e na nossa melhor forma". Por estudar a fundo o princípio da resiliência, ela sabe a diferença que faz desenvolver essa capacidade de resolver problemas do cotidiano, a fim de manter um estado emocional equilibrado. E a técnica da ressignificação auxilia nisso. Independentemente do tamanho deles, vou encontrar um significado positivo para aquilo e sair mais fortalecido e mais experiente.

Joseph O'Connor e John Seymour, em *Introdução à Programação Neurolinguística: como entender e influenciar as pessoas*, nos lembram que a humanidade sempre procurou dar significado às coisas.

> *O que significa uma tempestade? Algo ruim, se estivermos fora de casa sem uma capa de chuva. Algo bom, se você for um fazendeiro e tiver passado por um período de seca... O significado de qualquer acontecimento depende da moldura que colocamos ao seu redor. Quando mudamos essa moldura, mudamos também o significado.*[19]

---

19 O'CONNOR, J.; SEYMOUR, J. **Introdução à programação neurolinguística:** como entender e influenciar as pessoas. 7ª ed. São Paulo: Summus Editorial, 1995.

Para a dupla, inventores fazem ressignificações (um bom exemplo é o Post-It, aquele pedacinho de papel colorido presente na maioria dos escritórios, que nasceu quando o inventor buscava criar um adesivo de alta aderência para ser usado na indústria aeroespacial, mas acabou gerando algo bem diferente: um material ideal para colar em superfícies que pode ser retirado com facilidade e reutilizado). Contos de fada, idem (basta lembrar que sapos viram príncipes).

Robert Miller, em seu livro *PNL: segredos para reprogramar sua mente*,[20] recomenda a ressignificação como "um novo olhar sobre a mesma situação". O autor explica que a palavra-chave é "opção": viver positivamente, mesmo as situações desagradáveis do cotidiano (e delas extrair lições) ou viver negativamente, tentando entender "por que comigo?" e sem evoluir.

É você quem escolhe como deseja pensar, se sentir, agir e interpretar os acontecimentos.

EXPERIMENTE NA PRÁTICA

Alguns passos podem ser seguidos para que você consiga ressignificar seus pensamentos e possa adotar a postura de um protagonista consciente em relação às suas narrativas pessoais (ou acontecimentos).

Passo 1 – Identificação do pensamento original. Escolha um pensamento ou uma situação recente que o incomodou. Anote-o em um diário ou caderno, descrevendo-o detalhadamente. Por exemplo: "Estou sempre cometendo estes erros no trabalho... *[detalhar quais são]*".

---

20 MILLER, R. **PNL:** segredos para reprogramar sua mente. 3. ed. Joinville: Clube dos Autores, 2021.

Passo 2 – Análise do pensamento. Reflita sobre o impacto dele em sua vida atual. Seja honesto consigo mesmo e aproveite o momento para se perguntar: como esse pensamento afeta emoções e ações? Quais são as consequências de mantê-lo presente? Como ele foi formado? Quando você começou a pensar assim? Qual evento na sua vida disparou essa forma de pensar?

Passo 3 – Ressignificação. Identifique uma maneira mais positiva ou construtiva de reinterpretar o pensamento. Por exemplo, em vez de pensar "Estou sempre cometendo erros no trabalho", reinterprete como "Estou aprendendo e melhorando a cada dia".

Passo 4 – Ação consciente. Crie um plano de ação para lidar com situações semelhantes no futuro de outra maneira. Vale se perguntar: que passos serão necessários para evitar cair nos mesmos padrões de pensamento? Quais são as ações concretas que realizará a partir de agora para reforçar essa nova interpretação de pensamento e aprendizagem de crescimento?

Passo 5 – Pratique até que vire hábito. Ao exercitar essa técnica regularmente, é certo que você vai cultivar uma mentalidade de protagonista consciente. Isso permitirá enfrentar desafios com mais confiança e criar uma história pessoal positiva e fortalecedora.

EXPLORE O "COMO" E O "E"

A palavra "como" é bem impactante na programação mental, porque ela mexe com o subconsciente e faz pensar em *como* vou agir e *como* vou melhorar.

Quando me pergunto *"Como* vou resolver?"*, trago meu foco para a mudança, para um plano de ação, e direciono a minha mente para uma ressignificação. Por outro lado, se a pergunta fosse "Por que eu vivo isso?", a resposta já estaria dada, e provavelmente seria na linha das justificativas ou, pior, das lamentações e da inércia. Talvez fosse simplesmente "Porque sempre foi assim" ou "Porque eu tenho minha família para cuidar".

No escritório, quando quero ajudar um cliente a rever sua crença de que nada dá certo para ele, gosto de perguntar: "O que leva você a pensar dessa forma?".

Ouço a sua justificativa e já entro com a palavra-chave da ressignificação. *"Como* resolver isso para que o resultado seja diferente?"*. Nós estamos habituados a usar esse tipo de pergunta, só que precisamos evitar cair na armadilha das respostas prontas.

Vale a pena usar a técnica da ressignificação ao fazer a mente responder *"Como* é que eu vou resolver?" e "O que me leva a pensar dessa forma?". São duas perguntas básicas, sendo que a primeira é mais profunda. Ela me joga lá no subconsciente e convida à autorresponsabilidade, à autoconsciência e à autonomia. E é interessante que, quando a pergunta é feita usando a palavra-chave "como", a resposta pode ser diferente para cada pessoa.

No processo de criação da Programação Neurolinguística, Richard Bandler e John Grinder sempre tiveram o desejo de entender como a linguagem influencia a experiência humana e como ela pode ser utilizada para facilitar mudanças positivas, inclusive nos nossos pensamentos. Ambos modelaram grandes terapeutas como Milton Erickson,[21] Virginia Satir[22] e Fritz Perls,[23] que utilizavam o poder do "como" em suas abordagens terapêuticas entre as décadas de 1940 e 1970.

Outra perspectiva fundamental é apontada pela professora Maria Sirois, que recomenda encarar a realidade como é *e* se mover em direção a um futuro um pouco melhor. Para a segunda parte, você pode recorrer a um estado emocional positivo bem conhecido, chamado esperança.

E como esse estado emocional se manifesta? Por meio de ações. A estudiosa dá um exemplo: responda à pergunta "Qual pensamento negativo eu estou tendo?", adicione a palavra "e" seguida de um novo pensamento mais positivo e verdadeiro, que ressignifique ao menos um pouquinho o anterior. Por exemplo, "Estou fazendo um curso que tem um conteúdo difícil **e** decidi que vou estudar junto com um colega que domina o assunto".

Em um dos meus atendimentos, Roberto (nome fictício), um dedicado pai de família de origem humilde, com pouca instrução, sentiu o chão desabar quando foi demitido sem qualquer justificativa. Ao olhar para o futuro incerto, um pensamento negativo surgiu: "Eu falhei como provedor, achei difícil me adaptar às exigências da empresa".

---

21 Milton Erickson (1901-1980), já citado em outra passagem deste livro, foi um psiquiatra estadunidense especialista em terapia familiar sistêmica e uma das autoridades mundiais nas técnicas de hipnose aplicada à psicoterapia.

22 Virginia Satir (1916-1988) foi uma terapeuta inovadora que se destacou na terapia familiar, promovendo a importância da comunicação e da autoestima nas dinâmicas familiares. Sua abordagem continua a influenciar a prática terapêutica e é amplamente respeitada no campo da psicologia.

23 Fritz Perls (1893-1970) foi um psicólogo inovador que contribuiu significativamente para a terapia psicodinâmica com a criação da Gestalt-terapia, enfatizando a importância da conscientização e da experiência no presente.

Contudo, esse cliente decidiu não se entregar ao desânimo e mudou sua narrativa. Colocou um sorriso no rosto e reformulou sua frase, dizendo o seguinte: "Eu falhei como provedor, e essa experiência me dá a chance de reinventar minha carreira **e** passar mais tempo com minha família". Ao ressignificar o ocorrido, enxergou uma perspectiva positiva, que acendeu dentro dele uma nova determinação. Sua postura mostra que, mesmo nas dificuldades, sempre há oportunidade para crescimento e conexão familiar mais profunda.

APROVEITE ESSE COMBO DE MUDANÇAS

O processo de ressignificação de pensamentos exerce um impacto profundo no subconsciente, altera os padrões mentais e melhora também as emoções subjacentes. Você está maximizando as capacidades do cérebro quando:

1. Cria conexões neurais trocando crenças. Ao mudar a perspectiva ou reação emocional para determinado pensamento, você está essencialmente reestruturando as conexões neurais em seu cérebro com novas sinapses. Repito, ele é capaz de se adaptar e criar associações em resposta a experiências e aprendizados. Lembre-se do conceito da neuroplasticidade, explicado anteriormente.

Na prática: livre-se da crença "Não sou bom o suficiente" ao repetir outra positiva e verdadeira ("Estou em processo de aprendizado e posso melhorar"), e seu cérebro formará conexões neurais capazes de reforçar a nova crença e diminuir a ativação da antiga. Esse novo significado começa a se infiltrar em sua mente em nível subconsciente, influenciando seus comportamentos e reações automáticas. Agora imagine criar a crença "Eu sou capaz de ter sucesso em tudo a que me proponho" e ter essa mentalidade como guia para as suas próximas ações e decisões no dia a dia?

2. Atualize as emoções que deseja armazenar no cérebro. Ao ressignificar pensamentos, você consegue melhorar a qualidade desse armazenamento de emoções, memórias e experiências chamado subconsciente. Não deixe espaço para os pensamentos "tóxicos"; substitua por novas interpretações, e ele aceitará como pontos de referência.

Na prática: reinterprete críticas como oportunidades de crescimento, para assim alterar o que pensa e sente sobre isso. Que tal passar da ansiedade para motivação? Essa virada de chave ajuda a encarar críticas ao pensar que elas são construtivas – e se não forem, merecem ser deletadas mentalmente, sem que se dê ao trabalho de responder nada àquele que critica.

3. Faça o desbloqueio de padrões limitantes e supere-os. Muitos padrões mentais prejudiciais são profundamente enraizados no subconsciente. A ressignificação atua como uma chave para desbloqueá-los, permitindo que você supere crenças disfuncionais que não servem mais.

Na prática: caso o pensamento "Não sou digno de amor" seja ressignificado para "Sou digno do amor que desejo", esse novo entendimento começa a desafiar a crença negativa que bloqueava relacionamentos saudáveis, promovendo assim a abertura para conexões mais positivas.

4. Traga novas imagens mentais para sobrepor às ruins. A ressignificação também é um ótimo recurso para isso. Quando você altera o significado de um pensamento, pode visualizar sua nova interpretação de maneira mais construtiva. Isso traz clareza à sua mentalidade, e permite que o subconsciente comece a trabalhar em direção aos seus desejos.

Na prática: ao mudar sua visão sobre um fracasso, você pode imaginá-lo não como obstáculo, mas sim como degrau para levá-lo a um futuro mais promissor. Essa nova imagem pode motivá-lo a perseverar e a buscar novas oportunidades.

Talvez você esteja fazendo mais ressignificações do que imagina de maneira empírica, intuitiva, mesmo sem conhecer detalhes da técnica. No livro *Ressignificando*,[24] Richard Bandler e John Grinder reforçam que a ressignificação aparece em grande escala nos processos criativos e terapêuticos, quando o profissional conduz seu cliente a "pensar de outro modo" e "ter um novo ponto de vista" sobre situações causadoras de sofrimento. "Correr é um exemplo excelente de ressignificação, a propósito. Alguém que consiga correr 8 quilômetros por dia e chamar isso de 'diversão' já é um mestre em ressignificação", complementam.

O mais importante é acreditar que, ao modificar o significado e as associações mentais, você também modifica suas respostas emocionais e seus comportamentos. Eis uma ferramenta de ouro para a criação de uma mentalidade mais positiva, resiliente e aberta às boas oportunidades da vida, que só depende de um desejo ardente seu para ser aplicada sempre que quiser melhorar a si mesmo e moldar uma nova realidade para sua vida.

---

24 BANDLER, R. e GRINDER, J. **Ressignificando:** programação neurolinguística e a transformação do significado. São Paulo: Summus Editoria, 1986.

EXERCÍCIO 5

RESSIGNIFIQUE COM O PODER DA LETRA "E"

OBJETIVO

Este exercício tem como objetivo ajudar você a transformar pensamentos negativos em positivos, utilizando a conjunção "e" como ferramenta de ressignificação. Esse processo se baseia nos fundamentos da psicologia positiva e na neurociência, para assim promover mudanças cognitivas saudáveis.

INSTRUÇÕES

Leia cada etapa cuidadosamente e responda às perguntas de maneira reflexiva. Reserve um momento tranquilo para realizar este exercício. Capriche na concentração.

1. Identificação do pensamento negativo: escreva um pensamento ou uma crença negativa que você tem sobre si mesmo ou sobre uma situação atual. Por exemplo: "Eu falhei em meu último projeto, então não sou capaz."

_____

_____

_____

_____

_____

2. Ressignificando com a letra "e": Comece sua nova frase com o pensamento negativo identificado e adicione a conjunção "e" para trazer uma nova perspectiva positiva ou uma verdade que faça um contraponto à limitação inicial. Por exemplo: "Eu falhei em meu último projeto, e estou aprendendo com essa experiência."

_____

_____

e _____

_____

3. Expansão da frase, desenvolvendo a nova perspectiva: use novamente a conjunção "e" para continuar a expandir sua nova perspectiva. Desse modo, você vai adicionar pelo menos duas novas sentenças que continuem elevando a positividade. Por exemplo: "Eu falhei em meu último projeto e estou aprendendo com essa experiência, e reconheço ainda o meu esforço em tentar."

_____

_____

e _____

_____

e _____

_____

4. Reflexão emocional, sentindo a diferença: leia sua frase atualizada em voz alta. Quais emoções surgem ao visualizar essa nova perspectiva? Anote como essa nova afirmação se compara ao pensamento inicial.

_____

_____

_____

_____

5. Prática da gratidão-reconhecimento: escreva três coisas pelas quais você é grato em relação à sua experiência ou ao seu crescimento pessoal, conectando-as à frase que criou.

◆ Gratidão 1: _____

_____

◆ Gratidão 2: _____

_____

◆ Gratidão 3: _____

_____

6. Repetição e aplicação, planos para o futuro: comprometa-se a usar essa prática sempre que um pensamento negativo surgir. Como você pode lembrar de usar a letra "e" em situações futuras?

_____

_____

_____

_____

CONCLUSÃO E FRASE DE ENCORAJAMENTO

Conclua este exercício refletindo sobre a importância da ressignificação e o impacto positivo que ela pode ter em sua vida. Ao praticar regularmente, você desenvolverá um padrão mental mais positivo, promovendo saúde emocional e resiliência diante dos desafios.

Feche o exercício com uma frase de encorajamento para si mesmo:

_____

_____

_____

07

DISSOCIAR PARA TER RESPOSTAS EM MINUTOS

"Estás hoje onde te trouxeram teus pensamentos; estarás amanhã, onde eles te levarem." – JAMES ALLEN[25]

Aqui, proponho a você se distanciar mental e emocionalmente de um evento ou situação que está trazendo pensamentos tensos, carregados de angústia ou inseguranças variadas. Ao analisar por outro ângulo, é possível, em questão de minutos, encontrar uma resposta mais assertiva e objetiva para o que está tirando a sua paz. É como se criasse uma opinião secundária conforme você se distancia do seu estado emocional carregado de crenças, para ouvir uma versão da sua comunicação interna mais racional e calculada.

Os praticantes de Programação Neurolinguística orientam criar uma tela mental e imaginar-se dentro dela, expondo sua opinião sobre o assunto em questão como se fosse um espectador. Geralmente a memória tende a ser mais positiva com esse desdobramento mental, por "quebrar" o envolvimento emocional e trazer maior racionalidade aos pensamentos. Trata-se de uma auto-hipnose, em que você tem a liberdade de conduzir esse afastamento imaginário para, consequentemente, acessar com mais facilidade o subconsciente.

A dissociação é uma técnica que pode:

◆ ser praticada em qualquer ambiente;

---

25 ALLEN, J. **Estás hoje onde te trouxeram teus... James Allen.** Disponível em: www.pensador.com/frase/NjQwNDcw/. Acesso em: 11 jun. 2025.

- levar poucos minutos;
- fazer o seu subconsciente começar, de maneira involuntária, a enviar insights importantes que o ajudarão a decidir com tranquilidade;
- clarificar dúvidas sobre qual caminho seguir, adotando uma mentalidade de protagonista consciente;
- ter um resultado fantástico.

ACESSE SEU "EU" SECUNDÁRIO

Para entendermos melhor a dissociação, falemos antes da associação, pois as duas técnicas estão ligadas. É quando reúno o que vejo, penso, ouço, imagino e sinto em relação à situação que busco resolver. E isso forma um estado mental e emocional do meu "eu" naquele momento.

Então, passo a incorporar aquela sensação e associar o sentimento e o pensamento vigentes ao desejo de encontrar uma resposta. No entanto, ela nem sempre será satisfatória. Sabe por quê? Quando estou associado àquele estado emocional que a situação me gerou, posso ficar tão envolvido pessoalmente com a questão que facilmente trago meus padrões e crenças limitantes à tona. Como consequência, aumentam as dúvidas, e diminuem a clareza e a racionalidade.

Com a dissociação, tenho a oportunidade de partir para uma segunda "opinião", mais profunda, vinda do subconsciente, sem a associação com o meu estado emocional. Portanto, quando preciso decidir sobre algo importante, faço uma respiração relaxante por uns dois minutos, deixando a minha mente livre e leve para começar a sair do estado de associação e baixando a minha frequência cerebral, o que me possibilita acessar o subconsciente.

A partir desse momento, eu me dissocio do estado emocional gerado pela situação de dúvida e consigo imaginar um segundo "eu" que analisa a questão, e este será aceito pelo subconsciente – já que ele não entende o que é real ou irreal.

Com esse segundo "eu", desligo-me dos meus padrões e crenças e acesso o meu subconsciente de uma maneira mais focada, a fim de buscar a racionalidade necessária para resolver o meu problema, isenta de envolvimento emocional.

Para obter respostas eficazes desse segundo "eu" dissociado, você deve fazer perguntas que são muito básicas, lembrando que elas já foram estudadas e validadas na Programação Neurolinguística. Sabendo que o objetivo da técnica da dissociação é tirar o estado emocional e trazer mais racionalidade às respostas, entenda de qual tipo de perguntas se trata.

FAÇA PERGUNTAS ESPECÍFICAS E ESCLARECEDORAS

Já ouviu falar do metamodelo de linguagem? Trata-se de um conjunto de perguntas destinadas a desafiar e esclarecer **generalizações, omissões** e **distorções** tanto na comunicação interna (mental) quanto externa (verbal). É um conceito fundamental da Programação Neurolinguística criado por Richard Bandler e John Grinder, que busca identificar e desafiar distorções, generalizações e omissões na linguagem. O metamodelo de linguagem permite que as pessoas se comuniquem de maneira mais clara e eficaz, com mais detalhes e precisão, revelando crenças subjacentes e padrões.

No livro *A introdução definitiva à PNL – como construir uma vida de sucesso*,[26] Richard Bandler listou suas principais perguntas para obter informações mais específicas e esclarecedoras e ainda ampliar percepções pessoais. São elas: "Como? O quê? Quando? Onde? Quem especificamente? Quem disse? Segundo quem? Todos? Sempre? Nunca? Ninguém? Nada? Tudo? Nenhuma pessoa? O que você quer dizer com isso? Comparado a quem? Comparado a quê? Como você sabe? O que o impede? O que aconteceria se você conseguisse? O que aconteceria se você fizesse? O que aconteceria se você não fizesse?"

Eu oriento a escolher quais dessas perguntas utilizar de um modo livre e, obviamente, dentro do seu contexto. Elas são importantes quando dissocio, mas eu posso fazer outras à vontade para o meu segundo "eu". Por exemplo, estudos mostram que perguntar "O que me leva...?" instiga o subconsciente a buscar uma resposta mais profunda.

---

26 BANDLER, R. **A Introdução definitiva à PNL**: como construir uma vida de sucesso. Rio de Janeiro: Alta Books, 2019.

Para dar uma ideia, as várias perguntas reflexivas e desafiadoras contidas nos exercícios dos capítulos anteriores são exemplos de metamodelo. Com a dissociação, elas são igualmente (ou até mais) utilizadas, por contribuírem para que você observe suas experiências de maneira menos emocional, tornando-o receptivo a fazer uma exploração mais profunda e clara de seus pensamentos e crenças – de maneira segura, sem se sentir sobrecarregado emocionalmente.

Outro modo de usar as perguntas do metamodelo é para resolver problemas. Elas ajudam a identificar e reformular crenças e distorções. A aplicação delas na técnica da dissociação permite que você veja os problemas de um ponto de vista externo. A combinação leva a soluções mais criativas e eficazes e pode acelerar o desenvolvimento pessoal, por favorecer a superação de bloqueios emocionais e a adoção de novas perspectivas e comportamentos. É um caminho interessante para facilitar mudanças significativas, afastando inseguranças.

TORNE VISÍVEL O QUE PRECISA RESOLVER

Em sua essência, o metamodelo é uma série de perguntas e técnicas que ajudam a explorar o significado subjacente às palavras que usamos, especialmente em situações marcadas por confusão ou ambiguidade na comunicação. Ele funciona como uma ferramenta de aprofundamento na experiência subjetiva das pessoas, revelando pensamentos e crenças que podem não estar visíveis.

Vamos a alguns exemplos:

- ◆ Dizer "Sempre falho" é uma **generalização** que ignora todas as situações em que a pessoa teve sucesso. O metamodelo ajuda ao lançar perguntas como "É sempre, de fato?" ou "Quais foram as situações em que você acertou?" para desafiar essa visão e trazer novas perspectivas à tona.

- Agora digamos que alguém afirme: "Ele não me respeita". Falta enxergar como esse alguém sente que não é respeitado. O metamodelo ajuda a clarear qualquer **omissão** de informações relevantes com perguntas como "O que exatamente faz você sentir que não é respeitado?".

- A afirmação "Ela me ignorou" pode carregar uma **distorção** da realidade, pois a pessoa pode simplesmente estar distraída. O metamodelo o ajuda com a seguinte pergunta: "Como você sabe que ela te ignorou?", para abrir o diálogo e explorar o que realmente acontece.

- Imagine que você ouve um amigo expressar frustração por não ser reconhecido no trabalho ("Meu chefe nunca valoriza o meu esforço"). Aqui, há muita **emoção implícita**. O metamodelo permite que você o ajude a descobrir o que realmente sente e pensa. Ao perguntar: "Como você sabe que ele nunca valoriza seu esforço?", você não apenas desafia essa generalização, como também convida seu amigo a refletir sobre momentos em que pode ter recebido reconhecimento.

Sendo assim, entre os benefícios do metamodelo, ferramenta poderosa que nos permite compreender a complexidade das interações humanas, destaco estes três: maior **clareza na comunicação** (consigo mesmo e com seus interlocutores), **resolução**

de conflitos (ao desativar interpretações distorcidas, generalizações e omissões, e promover um diálogo construtivo) e reflexões sobre padrões de pensamento que levam ao aumento da **consciência pessoal** e do **autoconhecimento**.

Ao aplicar essas perguntas no dia a dia, você se torna não apenas um comunicador mais eficaz, como também um facilitador de conexões significativas e de crescimento pessoal tanto para si quanto para os outros ao seu redor.

MUDE DE PERCEPÇÃO EM SEU FAVOR

Várias empresas e seus líderes já descobriram os efeitos da dissociação, encarando-a como uma aliada da alta performance. Uma cliente me contou que determinada distribuidora de alimentos adotou a técnica em suas reuniões.

O gestor pediu que todos de sua equipe observassem suas próprias reações de outro ponto de vista, como se assistissem às discussões de fora. E, assim, puderam entender e responder de modo mais racional as críticas ao seu desempenho naquele período, sobretudo em comparação com performance da concorrência. Isso reduziu a tensão nas discussões e aumentou a colaboração.

O executivo e amigo Luciano Dallo, fundador e CEO da Construtora Dallo, com forte presença no litoral de Santa Catarina, acredita que faz diferença tirar um dia por mês e sair da rotina encontrando um lugar isolado, onde seja possível interagir com a natureza e praticar a dissociação para ver a vida de uma outra maneira.

> *Fique em silêncio, entre em harmonia com o lugar e, mentalmente, tente-se desinstalar do seu corpo e faça uma*

viagem sobre sua vida. Como se estivesse voando, lá do alto, olhe-se em seu cotidiano, suas atitudes, seu trabalho, sua família. Procure ver, com outros olhos, aquela ação que você tomou e ficou em dúvida se deveria ter tomado. Depois, tente não pensar em nada, veja se consegue ficar meio dia sem falar nada.[27]

Eu mesmo, quando estou em dúvida sobre algo, utilizo essa estratégia com frequência. Como investidor de imóveis, checo a localização, o preço, as condições de pagamento e tudo mais sobre o que estou propenso a adquirir. Vem um estado emocional associado a esse pacote de informações e sensações. Daí, libero a mente com uns minutinhos de respiração profunda, para ouvir meu "eu" dissociado. Às vezes, pratico a técnica em cinco minutos, quando estou quase fechando negócio. E já mudei de percepção.

Certa vez, ele contou algo que me surpreendeu. Mesmo sem conhecer Programação Neurolinguística, mas tendo autoconhecimento e alta consciência do impacto de seus atos, ele tem o hábito, durante o café da manhã, de imaginar-se sentado consigo mesmo, dialogando e, principalmente, fazendo perguntas a respeito de grandes decisões que precisa tomar.

Inclusive, comentou comigo ter tomado uma decisão importante de última hora – e isso é impressionante para quem consegue utilizar a dissociação. Ele estava propenso a investir em um grande terreno para a construção de um aglomerado de prédios, que envolveria valores astronômicos. Só que existia

---

27 DALLO, L. **O indispensável para vencer.** Curitiba: Impress, 2000.

uma discussão entre os herdeiros do terreno que poderia trazer problemas futuros. E aí ele fez ao seu "eu" secundário a pergunta crucial: "Eu posso ter problemas no andamento da obra que me impedissem de concluí-la?". Havia, sim, o risco de a obra ser embargada por parte de um dos herdeiros.

Essa conversa interior findou com a mensagem de que esse amigo precisava: "Se isso não está te trazendo paz, espere". Repare que o "eu" secundário não falou para não comprar o terreno, só para aguardar um pouco. Ele não assinou o contrato naquele dia, e isso gerou um certo estresse. Porém, o principal era que esse empresário estava em paz. Ele acreditava ter evitado um grande problema.

Intuitivamente, muita gente dialoga consigo mesmo e busca olhar a situação como se estivesse de fora, concorda? Agora que você sabe como essa técnica validada funciona, pode aproveitá-la mais e melhor. E se quiser trazer mais profundidade, lanço um desafio: que tal uma terceira dissociação, imaginando-se fazer perguntas não só ao seu "eu" secundário, como também a alguém que considera como modelo – um familiar experiente ou gestor exemplar do trabalho, por exemplo.

É FUNDAMENTAL QUE SEJA ALGUÉM CAPAZ DE ENTENDER E RESOLVER A SUA QUESTÃO, PARA TRAZER INSIGHTS QUE VÃO AJUDÁ-LO A SANAR SUA DÚVIDA DE UMA VEZ POR TODAS.

EXERCÍCIO 6

DISSOCIAÇÃO: CLARIFICANDO DECISÕES

OBJETIVO

Utilizar a técnica de dissociação para obter uma visão mais clara e objetiva da situação, com a finalidade de alcançar uma perspectiva mais assertiva sobre uma decisão importante.

INSTRUÇÕES

1. Identificação da decisão: escolha uma decisão específica. Por exemplo: "Devo aceitar a nova oferta de emprego?".

2. Criação da cena: imagine a situação como se fosse uma cena de filme. No exemplo da oferta de emprego, visualize a si mesmo recebendo-a, conversando com colegas ou pensando sobre a mudança.

3. Dissociação: agora, pense em você saindo do seu corpo e observando a cena a uma certa distância, como se estivesse assistindo a um filme. Veja a situação de um ponto de vista externo.

4. Observação neutra: observe suas reações e emoções na cena. Sente-se hesitante? Preocupado com a mudança? Quais são os fatores que estão influenciando sua decisão? Salário, localização, desenvolvimento profissional?

5. Análise: pergunte-se: "O que eu diria para esse 'eu' que vejo na cena?". Por exemplo, "Preciso considerar os benefícios a longo prazo e o crescimento pessoal que essa mudança pode me trazer".

6. Reflexão: anote qualquer nova perspectiva ou insight que tenha surgido durante o exercício. Por exemplo: "Percebi que estou mais animado do que ansioso sobre a mudança".

7. Ação: com base na nova perspectiva, qual é o próximo passo mais claro e lógico a tomar? Por exemplo: "Vou listar prós e contras detalhadamente e discutir com alguém de confiança".

RESULTADO ESPERADO

Por ajudar a reduzir a influência emocional, a técnica de dissociação permite que você tome decisões equilibradas e baseadas em fatos.

08
VISUALIZAR SEUS DESEJOS REALIZADOS

> "Para ver muita coisa é preciso despregar os olhos de si mesmo." – FRIEDRICH NIETZSCHE[28]

Que tal criar imagens mentais vívidas e detalhadas de seus objetivos e desejos sendo concretizados? O cérebro, por não distinguir o que é real ou imaginário, passa a aceitá-las como metas a serem alcançadas e estimula ações coerentes com as suas visualizações. Essa é uma das técnicas mais poderosas usadas, tanto na neurociência quanto na Programação Neurolinguística, para influenciar pensamentos, comportamentos e emoções.

Começamos pela respiração. Inspire e expire longamente, de dois a três minutos. O objetivo é baixar a frequência cerebral e, com isso, começar a acessar o subconsciente. Com essa preparação mental, podemos antecipar estados emocionais e sensações daquilo que nós desejamos. Quando nós nos visualizamos em uma situação ou ação desejada, o cérebro estimula vias neurais semelhantes às que ativaria durante a execução física real.

Um exemplo prático da sua eficácia: antes de uma competição importante, um atleta de alto rendimento se dedica a visualizar mentalmente cada detalhe da sua performance ideal: a postura confiante, a técnica impecável, a sensação de vitória. Ao fazer isso repetidamente, fortalece sua confiança e condiciona mente e corpo para agir de acordo com essa imagem, aumentando significativamente suas chances de sucesso.

---

28 NIETZSCHE, F. **Para ver muita coisa é preciso... Friedrich Nietzsche.** Disponível em: www.pensador.com/frase/MjQ2ODc0/. Acesso em: 5 jun. 2025.

Inclusive, durante a visualização, esse atleta manda cargas bioquímicas e elétricas para o seu organismo. Como resultado, gera microestímulos musculares através dos neurotransmissores. O paradigma de que o cérebro manda primeiramente o comando, e o corpo obedece secundariamente, foi quebrado pela neurociência. Hoje, o entendimento é de que corpo e mente trabalham como sistema único – e duas lendas do esporte comprovam esse poder.[29]

Tiger Woods adotou o hábito de visualizar o trajeto da bola e o resultado desejado antes de cada tacada de golfe. Essa prática mental é frequentemente citada como uma das chaves para o seu currículo recheado de títulos. Seus extraordinários feitos o alçaram ao estrelato mundial.

O ex-nadador olímpico mais condecorado da história, Michael Phelps, também costumava visualizar cada aspecto de sua prova antes de mergulhar na piscina, desde a largada até a chegada, criando um plano detalhado em sua mente. Essa prática o impulsionava a ter um desempenho espetacular, com o bônus de deixá-lo calmo e confiante em situações de alta pressão. Phelps conquistou 28 medalhas olímpicas, 23 delas de ouro, além de 26 títulos mundiais em piscina longa.

FAÇA SIMULAÇÕES PARA SE FORTALECER

O neuropsicólogo, consultor organizacional e palestrante Eduardo Shinyashiki, em seu livro *O poder do carisma*,[30] recomenda

---

29 PENHA, P. O poder da visualização mental na excelência esportiva. **Gestão Desportiva**, 3 jun. 2024. Disponível em: www.gestaodesportiva.com.br/formacao-atletas/o-poder-da-visualizacao-mental-na-excelencia-esportiva. Acesso em: 14 abr. 2025.

30 SHINYASHIKI, E. **O poder do carisma:** conquiste e influencie pessoas sendo você mesmo. São Paulo: Gente, 2018.

pensamentos autodirecionados e intencionais "para aquilo que é importante, para as soluções e para os resultados". Eles devem ficar no lugar dos ruins, que drenam o poder interior, a alegria, o carisma e o magnetismo pessoal. E traz, no capítulo "Autodomínio: ser mestre de si mesmo", uma metáfora interessante para explicar visualização: "Podemos dizer que sua mente funciona como um simulador, e com seus pensamentos você faz as simulações". Ele recomenda que essa simulação seja realizada sentindo a emoção envolvida e reorganizando suas células cerebrais como se estivesse durante a efetiva prática das ações.

Um dos benefícios, nas palavras de Eduardo Shinyashiki, é que "à medida que você cria redes neurais, por meio dos seus pensamentos e das imagens mentais geradas, as antigas que percorriam seu cérebro se enfraquecem". Além disso, visualizar cenários calmantes ou positivos pode ativar o sistema nervoso parassimpático, promovendo relaxamento e reduzindo o estresse.

De fato, a prática regular de visualização pode levar a mudanças na estrutura e função do cérebro, um fenômeno conhecido como neuroplasticidade. Isso permite que a visualização influencie habilidades motoras, respostas emocionais e padrões de pensamento. Ao se imaginar realizando uma tarefa com sucesso, a pessoa pode programar a mente para replicar esse comportamento no mundo real.

A mudança de estado emocional é outro efeito certeiro resultante da visualização de cenas ou situações positivas. Por exemplo, ao visualizar um local calmo e seguro, uma pessoa pode reduzir sentimentos de ansiedade. A técnica pode ainda ser usada para desafiar e reprogramar crenças limitantes (como achar que dinheiro é sujo), imaginando cenários em que são superadas e substituídas por pensamentos empoderadores.

A visualização pode ser aplicada em diversas áreas da vida, como na conquista de metas profissionais, na melhoria de relacionamentos interpessoais e no alcance de bem-estar emocional. É uma técnica poderosa que, usada de modo consistente, pode trazer melhorias significativas, por exemplo:

- Nas apresentações em público: antes de uma apresentação, uma pessoa pode visualizar-se falando com confiança e clareza, o que pode reduzir a ansiedade e melhorar a performance.
- Na superação de fobias: alguém com medo de voar pode usar a visualização para imaginar uma experiência de voo tranquila e segura, ajudando a reprogramar a resposta emocional ao estímulo.
- Na preparação para provas acadêmicas: soube que uma mãe, com muito amor, estimulou seu filho a praticar a visualização, para ter sucesso em uma maratona escolar. Ele visualizou o percurso, os desafios, os obstáculos. O intuito era de, no dia do evento, seu cérebro estivesse preparado para resolver os desafios existentes no percurso. Resultado? Ele ficou em primeiro lugar!
- Na negociação de um bem: se pretendo comprar uma casa, por exemplo, verifico mentalmente as características, como a cor da fachada e a localização, e me sinto vivendo dentro dela. "Vejo" o máximo de detalhes e sinto as sensações positivas que aquele imóvel me dá, antecipando o estado emocional da conquista.

Joseph Murphy, em *O poder do subconsciente*,[31] afirma que a maneira mais fácil e óbvia de formular uma ideia consiste em "vê-la nos olhos da mente com tanta clareza como se estivesse viva". Como exemplo, ele nos lembra que arquitetos visualizam o tipo de prédio que querem: "A obra pode ser bela ou feia, um arranha-céu ou um barraco, mas tudo começa com uma visualização. O arquiteto projeta as imagens mentais quando as põe no papel".

O próprio Joseph Murphy costuma usar a técnica da visualização antes de falar para uma plateia. "Silencio as engrenagens da mente para poder apresentar ao subconsciente as imagens mentais. Em seguida, imagino o auditório. Vejo as poltronas ocupadas por homens e mulheres, todos iluminados e inspirados pela presença curadora infinita existente em cada um deles. Vejo-os radiantes, felizes, livres", contou em seu livro, satisfeito com os resultados.

INSPIRE-SE NA JORNADA DE ANA

Vou contar mais uma história que vivenciei nos meus atendimentos. Ela retrata um dos momentos mais difíceis da vida de uma cliente – a quem chamaremos de Ana, para preservar a identidade dela. Envolvida em um complexo processo judicial de acidente de trânsito, Ana se via inundada por incertezas e desafios legais que pareciam intermináveis. No entanto, em vez de sucumbir ao desespero, decidiu recorrer às técnicas de Programação Neurolinguística, especialmente a visualização criativa, para enfrentar essa batalha com resiliência e esperança.

---

31 MURPHY, J. **O poder do subconsciente**. Rio de Janeiro: BestSeller, 2023.

Durante uma conversa em meu escritório, Ana expressou suas preocupações e ansiedade em relação ao andamento lento do processo e às inúmeras audiências que ainda estavam por vir. Eu, que acredito no poder do pensamento positivo, sugeri que Ana explorasse algum exercício de programação mental para fortalecer sua mentalidade e manter o foco.

Ana, sempre aberta a novas abordagens, encontrou na visualização criativa uma ferramenta maravilhosa para manter a calma e a clareza durante o processo judicial. Em uma das nossas conversas, me contou que praticava a técnica diariamente. Em um espaço tranquilo em sua casa, onde podia relaxar e se concentrar, fechava os olhos e se imaginava no Fórum da cidade, confiante e serena, ao meu lado.

Visualizava também cada audiência como um passo positivo rumo à resolução do caso, vendo juiz e advogados ouvindo atentamente seus argumentos. Ela se via recebendo notícias positivas sobre o andamento do processo e, por fim, comemorando a decisão favorável. Ana se concentrava nos detalhes, como o tom de voz seguro nas minhas manifestações orais em audiência, a expressão atenta do juiz e a sensação de alívio e gratidão enquanto nós ouvíamos a sentença.

Com a prática contínua, Ana percebeu mudança significativa em sua atitude. Ela se sentia mais calma e preparada para cada etapa do processo. Suas interações comigo se tornaram mais colaborativas, participando ativamente na preparação para as audiências com ideias e estratégias valiosas.

Na hora H, manteve a compostura e a confiança que havia cultivado em suas visualizações.

Confesso que fiquei impressionado com a clareza e a determinação de Ana, que contribuíram nas suas apresentações no tribunal. Após meses de dedicação e resiliência, ela recebeu a tão aguardada notícia: o processo havia sido resolvido a seu favor. A sensação de vitória foi indescritível; e Ana sabia que sua mentalidade positiva e a prática da visualização criativa desempenharam papel crucial em sua jornada.

Para aqueles que enfrentam situações semelhantes, Ana oferece uma mensagem de encorajamento: "Acredite na força da sua mente. Com determinação e uma mentalidade positiva, é possível transformar desafios em conquistas".

É um testemunho inspirador do poder da mente no enfrentamento dos desafios da vida. Ao integrar a visualização criativa em sua rotina, ela não apenas superou o estresse do processo judicial, como também fortaleceu sua confiança e colaboração comigo, como seu advogado.

GANHE SEGURANÇA EM UM MOMENTO CRUCIAL

Tenho por hábito fazer visualizações como ferramenta para auxiliar nas minhas atividades profissionais. Não me preocupo em ficar avaliando as chances de o meu desejo dar certo, e sim em preparar a minha mente para ter o resultado positivo. Por exemplo, dias antes de representar um cliente em uma audiência desafiadora, que envolve juiz, promotor, testemunhas, já antecipo o estado emocional visualizando o que pode acontecer, imaginando-me nesse lugar. Assim, já vou criando redes neurais como um advogado seguro, emponderado e preparado para um alto desempenho.

Como conheço esse ambiente e a dinâmica de uma audiência, potencializo a minha visualização imaginando a fala do juiz, o tom de voz dele; e a minha movimentação, com o promotor e as testemunhas sentados e atentos aos meus argumentos. E como também conheço meu cliente, imagino as expressões dele me passando recados não verbais. Com isso, vou ampliando os estados emocionais, treinando minhas falas e respostas, e antecipando reações que terei. Quando chego na audiência, estou seguramente mais preparado.

Quando palestro, brinco que o meu sentimento é de estar indo para "guerra". Por que uso essa expressão? Porque já pratiquei mentalmente as possibilidades de confronto, fiz anotações sobre pontos cruciais da minha defesa e eu vou para o ataque sem dó. Sei de profissionais que não se preparam, confiando no seu conhecimento e experiência. Atuam no piloto automático porque pensam que se garantem. Subestimam a outra parte. Eu já fui assim, e levei cada rasteira...

Depois do processo de autoconhecimento, encontrei um propósito além do ganho financeiro e descobri essa ferramenta de alta performance. Com isso, elevei meus resultados nas audiências e no cotidiano, afinal, estou sempre mais preparado para os embates. Visualizo o Fórum, como subo a escada, entro na sala de audiência... É uma espécie de meditação. E como vivi antecipadamente o forte impacto emocional daquela audiência, me empoderei no meu subconsciente com argumentos. Não tenho mais medo.

QUANDO NÓS NOS VISUALIZAMOS EM UMA SITUAÇÃO OU AÇÃO DESEJADA, O CÉREBRO ESTIMULA VIAS NEURAIS SEMELHANTES ÀS QUE ATIVARIA DURANTE A EXECUÇÃO FÍSICA REAL.

DO CAOS À CONSCIÊNCIA
@KLEITON.FRANCISCATTO

AO CULTIVAR PENSAMENTOS POSITIVOS E VISUALIZAR CENÁRIOS DE SUCESSO, A MENTE SE TORNA UM ALIADO PODEROSO NA BUSCA POR REALIZAÇÕES E FELICIDADE.

E como posso amplificar esses resultados? Eu gosto de fazer a técnica antes de dormir. É um ótimo momento para baixar a frequência cerebral e abrir significativamente os caminhos neurais. Por consequência, a visualização ficará registrada no vasto campo do inconsciente. E ele vai trabalhar durante as minhas oito, nove horas de sono, buscando respostas dentro da minha experiência da vida, dos meus padrões. E aquele estado emocional que quero ter no dia seguinte, durante a audiência, será reprogramado, porque baixei a frequência emocional e reprogramei a minha mente para revivê-lo.

CRIE ANTICORPOS DE POSITIVIDADE

Reforço que não se trata de apenas visualizar tudo correndo bem, sem dificuldades. É se preparar para os desafios do contexto positivamente. Explico. Quando estou me preparando mentalmente para a audiência, busco produzir anticorpos de positividade para me tornar confiante dos meus argumentos e chegar fortalecido para a execução. Porque já vivi esse estado emocional sem estar lá.

Durante a visualização, não vou ficar absorvendo as piores situações que poderão acontecer. O que preciso é me visualizar trazendo resultados positivos dentro do contexto, das possibilidades negativas, de embate, que podem surgir. Da mesma maneira que um atleta se vê fazendo, pensando, sentindo o necessário para desafiar o tempo, a concorrência, as dores físicas e sair da prova vencedor.

Há diversas formas de produzir anticorpos de positividade com o auxílio da visualização. Certa vez, o ator Jim Carrey contou à apresentadora americana Oprah Winfrey[32] que imaginava as coisas indo até ele, e que isso o fazia se sentir bem. Nos anos 1990, ainda jovem em busca da fama, foi além. Escreveu a si mesmo um cheque no valor de 10 milhões de dólares e colocou na carteira (e no subconsciente). Pouco antes do Dia de Ação de Graças em 1995, soube que ganharia esse montante com um de seus filmes de maior sucesso, intitulado no Brasil de *Debi & Loide*.

Joe Dispenza, em seu livro *Quebrando o hábito de ser você mesmo*,[33] complementa que podemos utilizar a visualização mental não apenas para um objetivo específico, mas também para uma transformação de mentalidade que o torne protagonista consciente da própria vida. O capítulo 13 sugere que a pessoa feche os olhos, elimine o ambiente da mente e se solte visualizando estar vivendo de maneira mais positiva, guiado por seu novo "eu".

"Deixe o pensamento tornar-se experiência e viva a realidade futura agora. Abra seu coração e agradeça de antemão pela experiência com tamanha intensidade que convença seu corpo de que o evento futuro está se desenrolando agora", ensina o expert, indicando que você deve criar sua nova vida abençoando-a com a própria energia, acreditando que essas imagens se tornarão o projeto do seu destino.

---

32 O QUE Oprah aprendeu com Jim Carrey. **OWN**, 12 out. 2011. Disponível em: www.oprah.com/oprahs-lifeclass/what-oprah-learned-from-jim-carrey-video. Acesso em 14 abr. 2025.

33 DISPENZA, J. *op. cit.*

EXERCÍCIO 7
VISUALIZAÇÃO CRIATIVA

OBJETIVO

Este exercício ajuda você a se conectar profundamente com seus desejos, transformando-os em visualizações claras e impactantes que conduzem à ação consciente.

INSTRUÇÕES

1. Encontre um espaço tranquilo: reserve de 15 a 20 minutinhos do seu dia para o exercício e vá para um local onde não será interrompido. Sente-se ou deite-se em uma posição confortável. Feche os olhos suavemente e respire profundamente algumas vezes para relaxar.

2. Estabeleça uma intenção clara: pense em um desejo ou objetivo específico que você deseja manifestar em sua vida. Visualize-o como uma semente que você está prestes a plantar e cultivar.

3. Crie o cenário: imagine-se em um ambiente (real, que você ama, ou imaginário) onde você se sente totalmente à vontade e seguro. Envolva todos os seus sentidos: veja as cores ao seu redor, ouça os sons, sinta as texturas e cheire os aromas.

4. Visualize seu desejo ou objetivo realizado: como você enxerga a sua vida com esse desejo ou objetivo alcançado? E como se sente? Aumente a clareza dessa imagem, tornando-a mais vívida. Sinta a emoção positiva associada a essa conquista.

5. Integração com a realidade: traga essa imagem para o presente. Pergunte-se: "Quais passos posso dar agora para me aproximar desse desejo?". Visualize a si mesmo tomando essas ações com confiança e determinação.

6. Reforço diário: comprometa-se a praticar este exercício diariamente. Quanto mais você repetir, mais real e alcançável seu desejo vai se tornar.

7. Reflexão: após concluir o exercício, escreva em um diário sobre a experiência. Registre suas visualizações, emoções e quaisquer insights ou ações inspiradoras que surgirem.

DICA ADICIONAL

Lembre-se: a visualização criativa é uma ferramenta poderosa para alinhar sua mente consciente e inconsciente com seus desejos. Ao praticar este exercício regularmente, você fortalecerá sua capacidade de ser o protagonista consciente da própria vida.

09

MODELAR COMPORTA-MENTOS DE SUCESSO

> "É realmente incrível o que as pessoas podem fazer, só que elas simplesmente não sabem que podem fazer." - MILTON ERICKSON[34]

Eu gosto de dizer que, nesse fechamento do método, você exercitará seu lado designer de comportamentos. Isso porque tem a oportunidade de observar pessoas que são bem-sucedidas em determinada área e aprender como fazem, com o intuito de acelerar o seu crescimento. É um processo interessante, pois abrange identificar padrões e estratégias mentais que esses modelos utilizam para alcançar resultados que você almeja.

A escolha de quem modelar tem entre seus pilares a identifição de pensamentos, comportamentos dele, buscando compreender como tudo isso está interligado e como isso influencia o desempenho dessa pessoa, a ponto de chamar sua atenção. A ideia é mapear padrões eficazes do outro e aplicá-los no seu cotidiano ou no desenvolvimento de alguém próximo, como um parente ou um colaborador.

Vale se perguntar:

SE EU ESTIVESSE NO LUGAR DESSA PESSOA, O QUE PENSARIA, SENTIRIA E FARIA?

Você pode observar a postura corporal de quem tem interesse em modelar, assim como a maneira de falar e a expressão facial.

---

34 ERICKSON, M. **É realmente incrível o que as... Milton Erickson**. Disponível em: www.pensador.com/frase/Mjg5NTYwNw. Acesso em: 5 jun. 2025.

Também pode ir além e buscar entender seus sentimentos, o modo de se vestir, os ambientes que frequenta, bem como valores e princípios. Acredite, é uma experiência lúdica, que pode gerar resultados satisfatórios em sua vida.

OBSERVE E ENTENDA PESSOAS BEM-SUCEDIDAS

Sem dúvida, a modelagem é uma técnica para quem quer aprender com os melhores, desvendando os padrões mentais e comportamentais deles que merecem ser replicados. Sendo assim, ao escolher modelar uma pessoa com mentalidade de protagonista consciente, utilizo uma ferramenta poderosa para o meu desenvolvimento pessoal. E a prática contínua facilitará para que também pense e aja com mais proatividade.

Eu tenho que me fazer estas perguntas:

- ◆ Como essa pessoa se comporta?
- ◆ Quais são seus hábitos diários?
- ◆ Como ela se comunica?

Por que a comunicação? Se quero evoluir nessa habilidade, penso no saudoso apresentador e empresário Silvio Santos como uma personalidade a ser modelada. Por exemplo, posso modelar uma característica emblemática do maior comunicador do Brasil, que era se abaixar para conversar com as crianças, favorecendo o contato visual e a interação.

Não é modelar os comportamentos do modelo na sua totalidade. Todos os seres humanos têm pontos fracos. Então, você vai replicar aquilo que contribui para melhorar os seus resultados.

Chamo atenção para esse ponto, porque às vezes as pessoas idolatram alguém e modelam os defeitos também.

Como tomar cuidado para não modelar o que é negativo? Depois que identificar o modelo de comportamento que você entende ser relevante, é prudente buscar informações profundas a respeito dessa pessoa, principalmente os valores – sem ferir a privacidade de ninguém, obviamente –, para assim criar conexão com a sua essência e os princípios que valoriza na sua conduta de vida.

Não é fácil descobrir que, após iniciar o processo de replicar um modelo de comportamento, você percebe que tem algo ali inadmissível, incompatível com suas crenças e experiências. Quebraria todo o processo. Restaria a decepção. É recomendável avaliar os valores pessoais, familiares, sociais, profissionais e financeiros da pessoa que interessa a você modelar com perguntas deste tipo:

ESTÃO EM SINTONIA COM MEUS INTERESSES E CONDIZEM COM O DIRECIONAMENTO QUE EU QUERO DAR À MINHA VIDA?

Se a resposta for sim, pode começar o processo de modelagem com mais segurança.

Joseph O'Connor e John Seymour, em *Introdução à Programação Neurolinguística: como entender e influenciar as pessoas*,[35] dedicam um capítulo à modelagem, em que perguntam:

---

35 O'CONNOR, J.; SEYMOUR, J. *op. cit.*

◆ Quais são os padrões de comportamento das pessoas bem-sucedidas?

◆ Como essas pessoas conseguem esses resultados?

◆ Qual a diferença entre o que elas fazem e o que fazem as pessoas que não são bem-sucedidas?

◆ Qual é a diferença que faz a diferença?

"A busca de uma resposta a essas perguntas gerou todas as técnicas, habilidades e pressupostos da Programação Neurolinguística", complementaram os autores. Sim, conforme adiantei no capítulo 3, John Grinder e Richard Bandler observaram e replicaram padrões de comportamento e de linguagem de grandes terapeutas da época – como Milton Erickson, Fritz Perls e Virginia Satir –, para criar a PNL.

Podemos modelar as crenças positivas de uma pessoa, a fisiologia (padrões de movimento, de postura e de respiração de um atleta, por exemplo) e as estratégias. Connor e Seymour recomendam, primeiramente, observar o modelo enquanto ele está tendo o comportamento que você quer replicar, imaginando-se dentro da realidade do outro e se concentrando no que ele faz, como faz e por quais motivos.

Depois de analisar todos os elementos comportamentais do modelo para descobrir o que faz a diferença, elabore uma espécie de refinamento consciente do modelo. Os autores recomendam subtrair o que não é necessário para seu objetivo e ficar com o essencial. "Se você conseguir modelar com sucesso, obterá os mesmos resultados que seu modelo", afirmam Connor e Seymour no livro, esclarecendo que ninguém se tornará um

Albert Einstein, mas pode aplicar a maneira de pensar desse físico genial à sua vida.

ALAVANQUE NEGÓCIOS, ACELERE PROCESSOS

Certamente, utilizei a técnica em vários momentos da minha vida. Por exemplo, até 2014, não pretendia desenvolver uma segunda atividade profissional. Eu me tornei um investidor em imóveis e empresário no ramo imobiliário bem-sucedido após observar grandes investidores e modelar suas habilidades e processos.

Ao lado de minha esposa, comprei, vendi, aluguei e permutei apartamentos no litoral de Santa Catarina. Vou compartilhar como começamos a modelar grandes empreendedores desse mercado dinâmico, pois servirá para você também aplicar nos seus próximos negócios/investimentos:

Passo 1 – Identificação de modelos de sucesso.

Após um cuidadoso levantamento, selecionei o meu modelo, que prefiro não nominar, optando por chamá-lo apenas de "A". É um investidor notável em imóveis residenciais, especialmente apartamentos no litoral. Ele possui reputação sólida como especialista em maximização do retorno sobre investimento (ROI) pela sua gestão eficaz de mais de 150 propriedades.

Passo 2 – Observação e pesquisa detalhada.

Para entender melhor como esse investidor alcançou sucesso, apostei principalmente em networking, estabelecendo conexões dentro da comunidade de investidores. Isso me permitiu conversar com pessoas que trabalharam diretamente com meu modelo, coletando insights sobre os desafios e triunfos dele.

Passo 3 – Alinhamento de valores e princípios.

Após reunir informações, fiz uma análise de valores e princípios que fundamentavam as estratégias do investidor "A". Em seguida, refleti sobre como se alinhavam com minha própria prática de alavancagem imobiliária. Entre os pontos de sintonia, destaco:

- **Visão de longo prazo:** ele investe em imóveis não por gratificação instantânea. É um compromisso estratégico para o futuro, pautado na ética em relação aos consumidores.
- **Gestão de risco:** ele sempre enfatizou a importância de avaliar o risco de cada investimento, buscando um equilíbrio entre segurança e potencial de retorno.
- **Adaptabilidade e propósito:** sempre pronto a adaptar suas estratégias conforme as condições de mercado, ele me ensinou que eu tinha que me desapegar dos imóveis para fazer bons negócios. Ou seja, poderiam ser vendidos a qualquer momento, para uma família feliz por adquirir seu primeiro imóvel na praia.
- **Decisões racionais:** o "A" agia com racionalidade a cada novo investimento, destacando-se da maioria das pessoas, que geralmente se deixa levar pela emoção na hora de comprar um bem.

Passo 4 – Implementação de estratégias de investimento.

Com o conhecimento obtido, adotei algumas das práticas que observei com a modelagem:

- **Compra de imóveis em localizações excepcionais:** isso importa mais do que sua aparência, pois existe a possibilidade de lucrar em uma futura permuta com uma construtora.
- **Investimento em imóveis para aluguel mensal ou temporada:** aprendi com o "A" a ampliar a rentabilidade com o atendimento de mais que um público. Como nem todo imóvel tem o perfil para aluguel de temporada, investir naqueles que permitem as duas formas de locação é um grande diferencial.
- **Renovação e valorização:** inspirado pela versatilidade do "A", utilizei uma abordagem proativa de renovação. Em outro imóvel, investi em melhorias que aumentaram seu valor de mercado significativamente, e descobri que uma mobília bem elaborada acelera o processo de venda.
- **Diversificação do portfólio:** reconhecendo ser importante, comecei a investir em diferentes tipos de imóveis: residenciais, comerciais e terrenos para desenvolvimento.

Passo 5 – Análise de resultados e ajustes contínuos.

Após alguns meses de implementação das novas estratégias, realizei uma análise abrangente:

- **Avaliação dos resultados:** monitorei o aumento da retenção de clientes e o feedback positivo dos inquilinos sobre a qualidade dos imóveis e o atendimento nas locações de temporada. A receita mensal cresceu ao longo do ano.
- **Feedback do mercado:** coletei dados sobre o desempenho das propriedades e dei atenção às tendências do mercado imobiliário. Essa análise me permitiu lapidar estratégias de compra e de valorização.
- **Impacto financeiro:** o acompanhamento constante levou a um aumento no valor total do portfólio, além da criação de uma base sólida para crescimento futuro.

Conclusão: a aplicação da modelagem em meus investimentos imobiliários provocou uma transformação notável. Ao observar e adaptar estratégias de investidores de sucesso, em especial o "A", melhorei a eficiência do meu portfólio e a qualidade do atendimento que ofereço aos clientes que buscam locação. Por isso, digo: se você deseja alavancar seus negócios, considere a modelagem como uma forma de aprendizado genuíno e aplicável.

ESPELHE E REFORCE APRENDIZADOS

Os neurônios-espelho desempenham papel significativo na eficácia do aprendizado por meio da observação e modelagem.

Descobertos nos anos 1990 por pesquisadores que estudavam macacos, eles têm sido associados à empatia e às conexões emocionais, à imitação de comportamentos e ao aprendizado social em humanos.

Quando você observa alguém que admira ou é bem-sucedido em algo, esse tipo de célula nervosa no cérebro ajuda a "ativar" em você a mesma ação ou sentimento. Ou seja, experimenta uma resposta emocional (como inspiração ou alegria) e isso pode incentivá-lo a adotar aquelas características ou comportamentos em sua própria vida. Essa resposta emocional muitas vezes leva a uma assimilação mais profunda do que foi observado.

Portanto, um dos benefícios é reforçar aprendizados. Outro é exercitar habilidades de adaptação e de flexibilidade. Afinal, esse espelhamento oferece um caminho para você modificar e ajustar seus próprios comportamentos, com base nas reações e emoções visíveis dessas pessoas. Permite ainda que você veja e imite, como também sinta e experiencie o que os modelos de sucesso vivenciam. E, assim, se conecte emocionalmente com o sucesso e as experiências do outro. Isso facilita uma mudança mais efetiva e duradoura em si mesmo.

PRATIQUE DE MODO CONSCIENTE

Uma criança repete muito do que outro adulto relacionado ao seu ambiente faz, e o processo é exatamente esse. Já pensou que nós modelamos desde quando nascemos? Engatinhando, já observamos os pais caminhando e procuramos fazer o mesmo, por exemplo. Nós reparamos as expressões faciais, a forma de falar... Na nossa infância, de um modo inconsciente, nós nos comportamos conforme os modelos que encontramos.

SE VOCÊ DESEJA ALAVANCAR SEUS NEGÓCIOS, CONSIDERE A MODELAGEM COMO UMA FORMA DE APRENDIZADO GENUÍNO E APLICÁVEL.

DO CAOS À CONSCIÊNCIA
@KLEITON.FRANCISCATTO

Como somos seres sociais, nós temos uma tendência natural de, por meio dos neurônios-espelho que possuímos, buscar replicar situações, comportamentos, atitudes que chamam nossa atenção e consideramos relevantes. Na criança, ocorre de modo inconsciente, mas aqui apresentamos uma modelagem consciente. É aquela que faço com intenção, estratégia, objetivo. Como mais uma ferramenta de transformação de mentalidade.

Imagine os colaboradores de uma empresa. Aquele que quer ser promovido e alcançar um cargo de liderança deverá modelar os valores, a maneira de trabalhar daquela empresa, as atitudes positivas de profissionais da alta direção... Pessoas subordinadas a um bom líder começam a se identificar com vários pensamentos, sentimentos e comportamentos dele. Há os que vão viver um processo de modelagem, e replicar aquilo que é importante para o crescimento deles.

Robert Brian Dilts, em seu livro *Crenças: caminhos para a saúde e o bem-estar,*[36] endossa a importância da intencionalidade: "A modelagem do comportamento envolve a observação e o mapeamento dos processos bem-sucedidos que formam a base de algum tipo de desempenho excepcional".

Autor de vários livros sobre PNL, Dilts foi colega e aluno de Grinder e Bandler por muito tempo, além de ter estudado pessoalmente com Milton Erickson. Ele é conhecido por seu trabalho de modelagem de estratégias de sucesso (estudou as de Walt Disney, por exemplo) e pela aplicação dos princípios da Programação Neurolinguística ao coaching.

Repare que não uso a palavra "copiar", pois isso jamais daria certo. O modelo escolhido possui padrões e experiências

---

36 DILTS, R. **Crenças: caminhos para a saúde e o bem-estar**. São Paulo: Summus Editorial, 1993.

particulares, tanto quanto quem modela. Apenas o outro tem algo de relevante para o meu objetivo, então o meu subconsciente começa a observar com mais profundidade essa pessoa. E não há nada de anormal ou indigno nisso. É simplesmente uma questão neurológica, pois nascemos com a capacidade de modelar comportamentos das pessoas.

Muitas vezes, quem está sendo modelado não tem conhecimento disso. Pode ser um artista ou executivo renomado internacionalmente, ou mesmo um grande amigo.

Conforme pratico a técnica, aguço a sensibilidade e a astúcia na observação, para captar as características que vão empoderar meu desempenho e até trazer resultados que eu não almejava inicialmente, mas que percebi serem importantes dentro do processo de modelagem. Isso porque eu me abri a verificar, a estudar, a buscar na essência aquele padrão de comportamento que determinada pessoa externa.

SIGA O SEU CAMINHO DE SUCESSO

Por fim, a modelagem não é uma fórmula mágica que garante resultados instantâneos. É um caminho de aprendizado contínuo e de adaptações. Pode levar tempo para desenvolver as habilidades e a mentalidade de seus modelos, mas cada passo dado em direção a esse objetivo facilita concretizá-lo.

Por ser um processo contínuo, requer verificar os efeitos das mudanças. A seguir, duas perguntas fundamentais:

- ◆ Quais resultados estou vendo?
- ◆ E o que posso ajustar?

A partir do momento que vira hábito, a modelagem consciente molda seus comportamentos e reprograma sua mente na busca daquele objetivo – e de outros que surgirem desse processo. Lembre-se que, ao modelar pessoas de sucesso, você está adotando diretamente estratégias, comportamentos e mentalidades que já se provaram eficazes. Isso evita o desgaste e o tempo despendido em experimentações que podem não vingar, e encurta significativamente a distância entre o seu desejo e a realização.

Aprender com as experiências dos outros dá acesso a caminhos de sucesso que foram refinados e otimizados ao longo do tempo. Isso significa que você pode utilizar os mesmos. Sem falar que observar alguém que já alcançou o que você deseja é uma forte fonte de motivação e inspiração. Saber que tais caminhos foram percorridos com êxito por uma pessoa admirável deverá aumentar sua confiança e motivação para agir com mentalidade de protagonista consciente.

EXERCÍCIO 8

MODELANDO UM PROTAGONISTA CONSCIENTE

OBJETIVO

Este exercício visa ajudar você a identificar e modelar comportamentos e mentalidades de pessoas que você admira, a fim de desenvolver uma mentalidade de protagonista consciente.

INSTRUÇÕES

1. Identifique seu modelo: pense em alguém que você admira por sua postura proativa e consciente. Pode ser uma figura pública, um mentor, um amigo ou até mesmo um personagem fictício. Escreva o nome e destaque a(s) característica(s) dessa pessoa que você gostaria de incorporar em sua vida. Por exemplo:

- ◆ Nome: *Maria*
- ◆ Características: *Confiança, resiliência, empatia, capacidade de liderança.*

2. Explore o comportamento: observe, reflita sobre como essa pessoa age em situações desafiadoras. O que ela faz de diferente dos outros? Quais são seus hábitos diários? Anote exemplos específicos de comportamentos que você observou ou imagina que ela tenha. Por exemplo:

- ◆ Comportamento: *Maria sempre escuta ativamente antes de tomar decisões. Em reuniões, ela faz perguntas esclarecedoras e valoriza diferentes perspectivas.*

3. Emoções: para criar uma conexão emocional, identifique como essa pessoa lida com suas emoções. Quais estratégias ela utiliza para manter o equilíbrio emocional?

4. Pratique a empatia: imagine-se na posição dessa pessoa. Como você se sentiria? O que pensaria? Isso ajuda a criar uma conexão emocional mais profunda com o modelo.

5. Aplique e adapte: para experimentar a técnica, escolha um comportamento específico para integrar na sua rotina. Por exemplo: na próxima reunião, pratique a escuta ativa, como a Maria faria. Em seguida, ajuste o comportamento ao seu estilo pessoal. Importante: não se trata de copiar, mas sim de adaptar o que funciona para você.

6. Reflexão e ajuste: hora de avaliar. Após aplicar o novo comportamento, reflita sobre o resultado. O que funcionou bem? E o que pode ser ajustado? Continue a modelar e ajustar comportamentos, explorando novas maneiras de se tornar um protagonista consciente.

CONCLUSÃO

Ao completar este exercício, você começará a moldar sua mentalidade de protagonista consciente, inspirando-se em modelos que admira. Lembre-se de que a transformação é um processo contínuo, e cada passo em direção ao autoconhecimento e ao aprimoramento só fortalece a sua jornada. Ao praticar regularmente, você vai perceber uma mudança positiva na forma como lida com pensamentos desafiadores.

10

O IMPOSSÍVEL SE TORNA POSSÍVEL

"Não sabendo que era impossível,
foi lá e fez." – JEAN COCTEAU[37]

Desde o momento em que chegamos ao mundo, assumimos o papel de cuidar de alguém muito especial: nós mesmos. Essa responsabilidade nos acompanha pela vida e pode ser bem prazerosa. É zelar pelo nosso corpo e mente, para que continuem funcionando da melhor forma, nos permitindo a construção de uma jornada plena. Espero que este livro tenha colaborado com isso.

O desenvolvimento pessoal e o autoconhecimento são fundamentais para a caminhada de cada um em direção à prosperidade, tendo como base um cuidado consciente com seus pensamentos. Ao usar as ferramentas do método que apresentei, você permitirá que sua vida floresça de uma maneira que nunca imaginou. Foi assim comigo, quando comprovei que o poder da mudança habita em mim, mais especificamente na minha mente.

VAMOS JUNTOS COM ESSA BÚSSOLA RUMO A UMA VIDA MAIS LEVE, MAIS POSITIVA, MAIS ALEGRE E ABUNDANTE. CRIAR UM FUTURO QUE RESSOE COM SUAS VERDADEIRAS PAIXÕES E VALORES.

Honestamente, procurei contribuir para que você amplie o seu conhecimento sobre o potencial de mudar fisicamente caminhos

---

37 COCTEAU, J. **Não sabendo que era impossível, ele... Jean Cocteau**. Disponível em: www.pensador.com/frase/MzM0ODE/. Acesso em: 5 jun. 2025.

neurais do cérebro, sem que eu ficasse dando aula de neurociência, Programação Neurolinguística e psicologia positiva, que são ciências fascinantes, porém complexas. Usei uma linguagem simples e encorajante, para explicar um pouco de neuroplasticidade, mas sem pretender impor um jeito único e rígido de utilizar as seis técnicas de programação mental apresentadas. Só reforço que colocá-las em prática pode ser muito bom para todos.

Eu quis mostrar que essas técnicas auxiliam no desenvolvimento de cinco princípios fundamentais para a transformação de mentalidade: autoconsciência, autorresponsabilidade, intencionalidade, resiliência e fé inabalável. Como efeito maior, você melhora seus pensamentos, sentimentos, comportamentos – e traz autoperformance para o seu dia a dia.

O VALOR DA AUTOPERFORMANCE PARA A SAÚDE MENTAL

De uma maneira sucinta, autoperformance é a capacidade de ser responsável pelo próprio desempenho e pela própria motivação. Se nós, brasileiros, entendermos o valor de trabalhar isso diariamente, não teremos *tantos* afastamentos do trabalho. Entre os anos de 2014, e 2024 chegaram quase meio milhão de solicitações ao Ministério da Previdência Social.[38] É um número alarmante.

Percebo que essa crise nacional de saúde mental pode ser combatida com maior autoconsciência, autoconhecimento e autoperformance na administração da família, do trabalho, da gestão do tempo, do lazer e, principalmente, dos pensamentos.

---

38 CASEMIRO, P.; MOURA, R. Crise de saúde mental: Brasil tem maior número de afastamentos por ansiedade e depressão em 10 anos. **G1**, 10 mar. 2025. Disponível em: https://g1.globo.com/trabalho-e-carreira/noticia/2025/03/10/crise -de-saude-mental-brasil-tem-maior-numero-de-afastamentos-por-ansiedade-e -depressao-em-10-anos.ghtml. Acesso em: 15 abr. 2025.

Grande parte dos brasileiros ainda não compreendeu o quão importante é a saúde mental. Muitas vezes, romantiza-se uma vida marcada por picos de estresse e trabalho em excesso, sem descanso e lazer. Romantiza-se não dar trégua ao corpo e não ter tempo para a mente. Por isso, parabenizo a sua decisão de ler este livro e agradeço a indicação a outras pessoas que precisam despertar para tudo isso.

Acompanhamos postagens na internet de profissionais trabalhando por 12, 14 horas, e que se gabam disso. Ou seja, valorizam somente a alta performance, que implica a comparação com os outros. Afirmam que isso vai trazer riqueza. Eu entendo que não. Nós precisamos conhecer mais a fundo a nossa "máquina", composta de mente e corpo, e utilizá-la de maneira inteligente, para alcançarmos uma vida mais equilibrada.

Como? Pratique diariamente e por alguns minutos a atenção plena (ou mindfulness) ou outra técnica de meditação para preparar a mente. Em seguida, escolha uma das ferramentas que estão dentro deste livro e aplique, conforme seu objetivo naquele dia.

Ao adquirir esse hábito, você evita se arriscar, inconscientemente, a atingir picos de sobrecarga emocional, de tensão física e psicológica – que só cresceram no pós-pandemia de covid-19 por conta, de novo, da falta de autoconhecimento para gerar autoperformance.

TODOS NÓS QUEREMOS TOMAR DECISÕES MAIS BEM PENSADAS E ATINGIR NOSSOS OBJETIVOS COM MENOS SACRIFÍCIO À SAÚDE MENTAL. ESSA É A GRANDE PROPOSTA DO MÉTODO. OU SEJA, SAIR DO PROTAGONISMO ESTÁTICO, QUE EXPLIQUEI NOS PRIMEIROS CAPÍTULOS, PARA O CONSCIENTE.

Grande parte dos brasileiros não cultiva um propósito de vida e não sonha em fazer uma transição de carreira no futuro. Simplesmente porque não se descobriu. Age no piloto automático, sabotando inconscientemente seus pensamentos positivos, por questões de sobrevivência, de falta de autoconfiança, de manutenção da sua família...

Você cansou de seguir uma rotina morna e quer ser mais feliz? A partir de agora pode virar esse jogo. Porque já sabe a importância de trabalhar a autoconsciência – que é a primeira condição para transformar sua mentalidade.

É muito raro alguém chegar para as pessoas e perguntar:

- ◆ Você cuida dos seus pensamentos?
- ◆ Você sabe o que é autoconsciência?
- ◆ Você valoriza o que é sadio no seu pensamento e descarta aquilo que não presta, de maneira bem objetiva?

Neste livro, tivemos a oportunidade de fazer estas e outras reflexões fundamentais para você avaliar se aquilo que pensa é sadio – e mudar com as técnicas aprendidas. Pronto para explorar o poder do cérebro e ser, mais do que nunca, o agente absoluto de sua própria história?

TENHA RESULTADO NO SEU TEMPO

Reprogramação mental não é algo que se faz em um piscar de olhos. Embora não exista uma regra de tempo para ter resultados significativos com o método deste livro, dar-se o prazo de seis meses é interessante. Ao final desse período, acredito que você já esteja: 1) compreendendo a essência da transformação e seus efeitos; 2) praticando as técnicas com constância e habitualidade; e 3) sentindo os primeiros reflexos de uma vida diferente e mais motivadora.

Entretanto, reconheço que cada pessoa é única e pode demorar um tempo maior para essa evolução até se tornar um protagonista consciente. E está tudo bem. A neurociência também não dá um prazo. Aprendi com ela que cada um vai viver o seu tempo para fazer uma reprogramação mental, sendo que alguns conseguirão resultado em alguns meses, outros levarão um ano, por exemplo.

Para quem optar por fazer isso a longo prazo, recomendo apenas prestar atenção para não perder a motivação e nem os seus objetivos de vista. Por outro lado, estar apenas motivado a praticar as seis técnicas, mas sem identificar crenças e padrões limitantes para poder cultivar uma nova perspectiva, não resolve. Digo e repito que nós temos que abrir a mente para conseguirmos evoluir. Às vezes é difícil, porque essa abertura de percepção nos faz entender que coisas impossíveis podem ser possíveis.

Desejo que você esteja nesse caminho, de modo intencional e constante, para que a repetição, que é um dos fatores de reprogramação (o outro é ter um forte impacto emocional, lembra-se?) seja bem trabalhada nesse período de seis meses ou mais.

Abordei ao longo das páginas um processo de mudança que não apenas desafia nossas crenças como também nos prepara mentalmente para trilhar novas experiências com a confiança e a determinação necessárias.

Desfrute o caminho.

CONCLUSÃO

Você é merecedor do aprendizado que acabou de ter sobre transformação de mentalidade. E certamente se encontra agora envolvido por pensamentos e sentimentos de apoio, amor-próprio e perseverança. Cuidar dos pensamentos foi o primeiro passo para começar a ver o mundo de uma nova maneira, com benefícios concretos para sua vida.

O melhor é perceber que a autoperformance e o autoconhecimento, aperfeiçoados com o hábito de aplicar o método, despertam com uma energia especial que já existe dentro de você. É a mesma que uma semente utiliza para quebrar os torrões de terra no subsolo, formar raízes e desabrochar, encontrando a luz do Sol, o oxigênio, o vento. **Isso é da natureza. E nós, seres humanos, temos o mesmo processo, porque fazemos parte da natureza.**

Somos centelhas divinas, pois possuímos uma essência espiritual dentro de nós que nos conecta com uma força maior. E ela vem com essa energia capaz de nos fazer caminhar um pouco mais a cada dia, de nos conduzir a um patamar de esperança, de desejos realizáveis, de melhorias, de propósito. É como uma faísca, uma fagulha, uma motivação interior igual à da semente, que solitariamente vai para a profundeza do solo e ali inicia o processo de transformação, de crescimento, de evolução... Até que produza frutos.

Reconhecer que nós fazemos parte da natureza, e que portanto temos essa energia, é uma autoconsciência. Inclusive ela foi necessária para nascermos, ao deixarmos o conforto da barriga da mãe no momento certo e ganharmos o mundo. Vivemos em um ambiente cujo ar é o mesmo que mantém uma planta viva. Os seres vivos que estão na atmosfera e nas profundezas do mar se utilizam da mesma natureza para realizar suas funções vitais. O processo é único para todos.

Então, sabendo que você possui essa energia e que os seus desafios são como os da própria natureza e de todo ser humano, tenha a máxima confiança para se transportar do caos à consciência. Abra os caminhos neurais para reprogramar a mente rumo ao sucesso pessoal e profissional, com a tranquilidade de estar em um processo natural impulsionado por uma força própria. Isso é estar vivo!

Que sejamos muito mais felizes agora e sempre, assumindo o comando dos nossos pensamentos para canalizar toda essa energia na direção que queremos e merecemos! Pois a vida que conhecemos é apenas um reflexo daquilo que pensamos.

Este livro foi impresso
pela gráfica Grafilar em
papel lux cream 70 g/m²
em julho de 2025.